Los 7 Pasos Para el Exito en la Vida

Los 7 Pasos Para el Exito en la Vida

❀ ❀ ❀ ❀ ❀

Dra. Isabel

UnicaLibros ▪ Miami, FL

Todos los títulos que distribuye UnicaLibros pueden ser adquiridos con descuento especial al por mayor para promociones, premios, recolección de fondos y usos educativos o institucionales. Extractos especiales o impresiones por encargo también pueden hacerse para satisfacer necesidades especiales. Para recibir más detalles, escriba a: Marketing Department, UnicaLibros Publishing Corp., 8400 N.W. 52nd Street, Suite 101, Miami, FL 33166.

Impreso en los Estados Unidos de América

Primera imprenta: Noviembre 2003
10 9 8 7 6 5 4 3 2 1

ISBN: 0-9721605-3-1

Diseño por Mark Lerner
Fotografía de la portada por Roberto Valladares

A mis nietos Marco, Gabriela, Enzo, Diego, Alessandra y Nicco . . . Gracias por enseñarme el verdadero éxito en la vida—sentirse amado.

Índice

Agradecimientos   11

Introducción   13

Capítulo Uno
    Paso 1: Determina Tu Meta   35

Capítulo Dos
    Paso 2: Prepara un Mapa de Vida   57

Capítulo Tres
    Paso 3: Administra Tu Dinero   79

Capítulo Cuatro
    Paso 4: Administra Tu Tiempo   105

Capítulo Cinco
    Paso 5: Cuida Tu Cuerpo   131

Capítulo Seis
    Paso 6: Alimenta Tu Espíritu   157

Capítulo Siete
    Paso 7: Forma un Grupo de Apoyo   177

Conclusión   199

Apéndice   207

Biografía   219

Agradecimientos

!Cuantas oportunidades se me han presentado en la vida, y cuántas personas tengo que agradecer al acompañarme en el camino que me ha llevado a lo que yo defino éxito en mi vida!

Primeramente, quiero agradecer en general a todos aquellos, que son muchos, los cuales me brindaron su confianza y apoyo en esta trayectoria de mi existencia. Ellos, los que participaron en las distintas etapas de mi vida, y me enseñaron a analizar mis habilidades y puntualizar detalladamente el mapa de mi vida. A mi padre y madre que me ayudaron a ver y desarrollar esas habilidades e inyectaron en mí el deseo de buscar más conocimientos para fijar mis metas. Al padre de mis hijos, Diego, el cual vió en mi un potencial y no obstaculizó mi trayectoria, le agradezco.

Recuerdo también a todos aquellos que me ayudaron a tejer esta sintesis de los 7 pasos para el éxito en la vida, y así poder compartir con ustedes mis experiencias; Russell Wheatley, que me impulsó a caminar esa milla extra en mis funciones de sicóloga, y me dió la oportunidad para hacerlo. Al Dr. Joseph Burke, pues me ayudó a formular las respuestas correctas a sus preguntas capciosas.

En la etapa del presente agradezco al Sr. Joaquin Blaya, Chairman & CEO de Radio Unica, que se convirtió en la fuerza, la nueva batería que me hizo reconocer que todas mis experiencias pasadas me habían preparado para cumplir esta nueva misión: el de ser un instrumento para ayudar a miles por medio de las ondas de Radio Unica, en el programa diario de la Dra. Isabel.

Al igual que a Alan Stess que tuvo fé en mis habilidades de comunicadora, y me señaló un nuevo camino para ayudar a nuestra gente, el de escribir libros.

Agradezco a Adriana Grillet, Carolina Fernandez, y Adela Grund, por su continua colaboración con ideas y sugerencias. A Steve Dawson, CFO de Radio Unica, por continuar apoyando esta empresa. No puede faltar el agradecimiento a Carlos Harrison, el cual me ha escuchado pacientemente estos pasos, y con quien mano a mano hemos formulado este tema. A mi editora Diane Stockwell, quien continua guiando, detallando, y aconsejando la mejor forma de estructurar este libro.

Finalmente no puede faltar el agradecimiento a mi familia, amistades, y a mis radio oyentes por colaborar unas veces con paciencia, otras con sus problemas e indecisiones, el tema de este libro.

!Gracias mil!

INTRODUCCIÓN

ES TU VIDA

Todos podemos tener éxito en la vida. Todos.

En mi programa en Radio Única, casi todos los días, recibo llamadas de gente que está desesperada. Están frustrados. Por mucho que lo intenten, no pueden lograr sus sueños. Con el tiempo he descubierto que, en muchas ocasiones, somos nuestro peor enemigo. Muchos otros no se dan cuenta de que, con sólo unos simples pasos, podemos conseguir el éxito deseado.

En este libro les voy a enseñar cómo. Les voy a mostrar cómo conseguir más dinero para las cosas que desean, cómo tener más tiempo para las cosas que les importan y cómo lograr el éxito en la vida.

Tú puedes. Tú tienes el poder.

Seguro que has anhelado: "Ay, cómo me gustaría . . .". ¿De qué se trata? ¿De amor? ¿De dinero? ¿De otro trabajo? ¿De una casa mejor?

Todo eso está a tu alcance, pero te toca a ti luchar por ello. Es tu vida. Y es tu responsabilidad.

Es tu vida

Cuando dices: "Tú eres responsable de mi

felicidad, de mi progreso en la vida, de mis fallos y de mis éxitos", estás dándole el poder a esa otra persona. Eso disminuye tu propio poder. Es mejor decir: "Mi vida es mi responsabilidad. Mi felicidad es mi responsabilidad. Mis éxitos son mi responsabilidad y, al mismo tiempo, mis fallos también". Ser responsable de los fallos es importante porque entonces eso te da la oportunidad, no de castigarte, sino de analizar y de aprender a mejorar.

Al tomar responsabilidad de tu vida estás tomando control de tu vida. En vez de ser un pasajero dejando que otros te lleven a donde ellos quieren, estás tomando tú el timón, para dirigirte hacia donde quieres ir.

Reconoce tus metas

Si tú no sabes lo que quieres, jamás sabrás cómo llegar. Siempre hay que tener una dirección. Tus metas pueden cambiar. Tu dirección puede cambiar. Sin embargo, siempre debes saber hacia dónde te diriges.

Un ejemplo personal. Cuando comencé a estudiar en la universidad, me dejé llevar por los comentarios de mi padre. Él me había dicho que yo siempre estaba dibujando planos de casas, y pensó que eso era una habilidad mía, y que yo debería desarrollar esa habilidad estudiando arquitectura. Y como siempre había escuchado a mi padre, empecé a estudiar arquitectura. A lo largo de ese año de arquitectura, me di cuenta de dos cosas. La primera, que era una carrera en que, como decían mis profesores, al principio no debería pensar que iba a dibujar mis propios diseños. Yo iba a dibujar los diseños que unas personas me iban a pagar. Y por lo general no iban a ser de mi propio gusto. Tenía que adaptarme a los gustos de los demás. Y de ahí saqué la conclusión de que, por mi naturaleza, mis deseos eran realizar mis diseños propios y no los de los demás.

El profesor me dijo: "Bueno, al principio, hasta que no te hagas muy famosa, confórmate con ser una dibujante". Por algo no me gustó.

Lo segundo fue que a mi novio, con quien más tarde me casé, no le hizo mucha gracia que en aquella época yo era la única mujer que tomaba cursos de ingeniería. Aunque no me lo prohibió, noté que no era de su gusto. Eso, conjuntamente con lo que yo ya estaba pensando, me hizo decir: "Bueno, yo puedo seguir esta habilidad mía haciendo casas para nosotros".

Y, efectivamente, una de las conversaciones con mi esposo fue que a él le gustaba lo que su padre hacía, que era comprar casas, arreglarlas y venderlas. Los dos estábamos escuchando la voz paternal, y el deseo de tener dinero, que creíamos que era algo conveniente para nuestras finanzas.

Entonces cambié mi rumbo hacia a un nuevo

objetivo. No dejé la universidad. Seguí tomando
mis cursos y empecé a plantearme: "No estoy
segura de lo que quiero, pero sé que en esta vida
necesito saber sobre contabilidad, porque todo
el mundo necesita saber sobre sus finanzas.
Necesito saber cómo invertir". Y, por eso,
estudié economía. Tomé dos cursos que no me
iban a dar los créditos necesarios, pero que sí
me iban a enseñar cómo funcionar en la vida.
Yo tenía un rumbo fijo. Aunque mi meta cambió y me desvié de mi objetivo original, yo
siempre me dirigía hacia un fin que tenía en
mente.

> **Siempre tienes que tener un fin en
> mente para poder escoger tu rumbo.**

Escoger lo que queremos hacer es lo que
determina nuestro destino. En sí, la clave está
en escoger.

El porqué de tus metas

Antes de poder averiguar cómo alcanzar el éxito
en tu vida, debes saber lo que quieres. Pero
antes de saber lo que quieres, necesitas saber el
porqué y cómo se define tu felicidad.
Hay muchas personas que piensan que la feli-

cidad completa es solamente una vida espiritual, una vida sumisa, una vida de dar a los demás. Aunque eso suena como algo muy bueno, también yo tendría que preguntar: ¿Y tú qué? ¿O es que dando tanto te olvidaste de ti? ¿Quieres olvidarte de ti?

Hay que buscar los motivos por lo que quieres en tu vida. ¿Para qué? No es solamente el hecho de preguntarte qué es lo que quieres, sino por qué. Cuantas más preguntas, mejor.

Entonces, ya cuando vemos las cosas de esa manera, sabemos el motivo tuyo. "Yo quiero tener bastante dinero porque quiero comprar una casa". Y eso puede ser por razones nobles como: "Quiero que mis hijos tengan su propio hogar". O puede ser porque: "Quiero que todos me miren".

Está bien ponerte en primer plano

No hay nada de malo en que uno se ponga en primer plano, en pensar en los deseos personales en vez de en los de los demás. Estás tratando de satisfacer tus necesidades. Tenemos que reconocer que en todos los planes que nos hemos trazado hay algo muy importante para el ser humano: las necesidades. La necesidad de comer. La necesidad de sentir que alguien te estima.

Entonces, eso no es nada malo. No tiene nada

de malo, siempre y cuando el bien de la humanidad sea el resultado. Ahora bien, tampoco se trata de decir que puedes imaginar que eres Robin Hood y que vamos ahora a robar para poder ayudar a la humanidad. A todos nos encanta tener de todo, lo que deseamos y lo que necesitamos. Pero es importante reconocer que todo eso tiene que estar dentro de las leyes y las normas de la sociedad en que vives. Porque las reglas se han puesto en la sociedad para la protección de todos.

Entonces tenemos necesidades, que son fruto de nuestros pensamientos. Si reconociéramos que con cada pensamiento que tenemos estamos creando nuestro futuro, probablemente pensaríamos dos veces antes de decir: "No sirvo para nada, siempre cometo errores". Quizás cambiaríamos esa actitud por un pensamiento positivo, para así mandar un mensaje a mi subconsciente para seguir adelante.

> **Nuestros pensamientos crean nuestro futuro.**

Si quieres ser maestra, entonces debes preguntarte: ¿Y por qué quiero ser maestra? ¿Porque me gusta enseñar a los demás? Y entonces la otra pregunta: ¿Esa meta me va a hacer feliz? ¿O nos va a producir felicidad? Porque también tenemos que comprender que no vivimos aislados. Si tenemos una pareja, tenemos que preguntarle: "¿Te gustaría que yo fuera maestra? Yo quiero hacerlo". Por lo general, los hombres dicen que sí enseguida. Les gusta la idea de que su esposa sea una maestra porque es una carrera que son cinco días a la semana. Tienen los fines de semana libres. Cuando los niños no tienen escuela, ellos tampoco tienen que trabajar, en la mayoría de los casos. Están libres en los días feriados y, si quieren, durante los veranos. También significa mucho sacrificio, y supone muchísimas horas de hacer tareas, de tener que preparar lecciones, de tener que corregir exámenes.

O sea que miremos el contexto de lo que verdaderamente quieres hacer y cuáles son las exigencias de tu trabajo. Porque también tienes que ser realista a la hora de decidir lo que tienes que hacer.

Y, como veremos más adelante, debes tener un plan.

¿Por qué es importante tener un plan?

Tienes que tener una receta para hacer un bizcocho. Tienes que averiguar primero cuáles son los ingredientes del bizcocho y cómo se hace. Es importante saber si tienes el dinero para comprar los ingredientes.

En la vida es igual. Tenemos que tener un plan. Ya sea para plantar un árbol como para construir una casa, o inclusive para hornear un bizcocho. Tenemos que tener un plan, una receta, un plano, como quieras llamarlo. Es imprescindible tenerlo.

Entonces, analiza cuáles son tus posibilidades de hacerlo.

Por ejemplo, tú me dices, "Yo quiero ser abogado. Tengo catorce años, soy una persona que me cuesta mucho trabajo asimilar la lectura, tengo un problema de dislexia, o simplemente no me gusta leer". Yo te diría que, a menos que superes esas tres cosas, que son tus debilidades, no puedes ser abogado. Si estás dispuesto a cambiar y hacer los sacrificios necesarios para ser abogado, aunque te cueste trabajo leer, entonces sí es posible.

Formando el plan

Para todo lo que hagas en tu vida, debes tener conocimiento de esa meta.

El otro día, por ejemplo, me llamó en Radio Única un señor que me dijo que, desde que llegó a este país, había estado ahorrando dinero porque quería tener su negocio propio. Y yo le dije: "Magnífico. Esa fue su meta a corto plazo. Pero, ¡ojo! ¡Cuidado! No se meta en lo primero que vea porque ahora tiene diez mil dólares".

A este señor un individuo de otro barrio le dijo: "Mira, sé de una persona que está vendiendo su restaurante. Y sólo pide diez mil dólares". Le pregunté: "¿Alguna vez has trabajado en el giro de los restaurantes?".

Me contestó: "No".

"¿Sabes algo de cocina, y cómo ahorrar comprando la mercancía para cocinar?"

"No".

"¿Conoces o has visitado ese restaurante?"

"No".

"¿Sabes cómo examinar los libros de contabilidad para ver si de verdad te están mintiendo o no?"

"No".

"Entonces", le dije, "te recomiendo que hasta que no puedas contestar todas esas preguntas, no compres ese restaurante, o ningún restaurante. Es más, te recomiendo que en ese mismo restaurante trabajes de camarero. Así te vas a dar cuenta de si la comida es buena, qué opinan los comensales, y si hay movimiento en ese restaurante. Si quieres tener una mayor perspectiva sobre todos los restaurantes, consigue trabajo en cualquier restaurante, y así sabrás si eso es lo que quieres hacer o no".

Tienes que tener conocimiento de lo que quieres hacer.

Lo mismo le puedo aconsejar a cualquiera. Si quieres comprar una gasolinera o un taller de mecánica, debes hacerte todas esas preguntas.

Y, como te voy a explicar en el próximo capítulo, tenemos que ser realistas a la hora de decidir cuáles son nuestras habilidades para poder conseguir esa meta que nos hemos trazado.

Haz un plan con sitio para los errores

La gente hace muchos planes, muchos de ellos difíciles. A veces hacemos planes que están destinados a fracasar.

Por ejemplo, todos los años, el 31 de diciembre, todo el mundo hace el plan de bajar de peso. "Este año me hago el propósito de bajar de peso".

Con la mejor intención ponemos manos a la obra. Nos matamos de hambre. Hacemos ejercicios sin parar como si fuésemos a perder esos kilos de más en un solo día. Caemos, exhaustos, con el mismo peso todavía a cuestas.

Al día siguiente tenemos tanta hambre que devoramos todo lo que vemos, y estamos demasiado agotados para hacer ejercicios.

El tercer día nos damos por vencidos.

Lo que teníamos que haber hecho desde el principio es preparar un plan lógico. Cuando nos hacemos el propósito de bajar de peso, la primera pregunta debe ser: "A ver, ¿cómo lo vas a hacer?"

"Voy a comer menos. Una dieta especial. Voy a comenzar a hacer ejercicios".

Muy bien. Perfecto. Tienes una semana por delante. ¿Qué vas a hacer el lunes? ¿Qué vas a comer el lunes? ¿Qué vas a comer el martes, el miércoles, el jueves, el viernes, el sábado y el domingo?

Segunda pregunta: ¿Tienes los alimentos que vas a comer en la casa? ¿Tienes las provisiones por si acaso te da hambre a lo largo del camino? ¿Los imprevistos? ¿Los momentos de ansiedad?

Después, veamos qué ejercicios vamos a hacer. ¿Vas a caminar? ¿Cuántas veces a la semana?

Si no hay un plan, y si no pones manos a la obra ahora mismo, vas a fallar.

El primer paso debe ser sencillo. El primer día no debe ser drástico, debe ser fácil. Debe ser: "Hoy, aunque voy a comer carbohidratos, que son mi debilidad, voy a comprar un pan integral, que tiene la mitad de las calorías". "En vez de comerme un pollo entero, me voy a comer la mitad".

Eso es fácil. "Si tengo hambre, aquí tengo las frutas que me voy a comer. Y esta tarde voy a caminar 25 minutos en cuanto llegue del trabajo".

Tu salud es una parte importante del éxito. Te explicaré por qué y lo que tienes que hacer para cuidar tu salud, en el capítulo sobre los cuidados del cuerpo.

Reconociendo los obstáculos

Tenemos que prepararnos para los obstáculos. Están presentes en todos los caminos. Puede que te veas en la obligación de aprender inglés. O que necesites un título escolar. Si quieres ser enfermera, tienes que estudiar para obtener el título. En este país, si quieres ser peluquero, necesitas una licencia. No te preocupes si tienes hijos. Estás en un momento de tu vida en que tienes que responsabilizarte de esos niños que no te pidieron nacer. ¿Qué significa eso? Que muchas veces tenemos deseos de algo, pero tenemos que posponer esa meta porque, en este momento, nuestro objetivo debe ser criar a nuestros hijos hasta que vayan a la escuela. "Ya tendré tiempo de estudiar" o "después voy a trabajar".

> **Posponer no es perder el tiempo.**

Como verás en el capítulo sobre cómo administrar el tiempo, posponer las metas no significa perder el tiempo. Cuando lleves a tus hijos al parque, lleva contigo un libro para aprender inglés. O lleva un libro para instruirte sobre tus metas. Como verás próximamente, puedes empezar a ahorrar dinero ahora para financiar tu plan futuro.

Entonces, cuando tus hijos empiecen el colegio, tú puedes comenzar a estudiar también. O a trabajar.

Pero mientras tanto vas a ir al parque, vas a salir con los niños, vas a buscarte grupos que te puedan respaldar en ese intervalo de tu vida. En ese momento que no puedas tomar esas decisiones que quisieras, esos sueños que tienes, los tienes que posponer.

Si eres una persona joven, que todavía no te has unido a nadie, que no has tenido hijos, mi recomendación es que trates de dejar para más adelante la idea de tener niños hasta que por lo menos hayas creado lo que es la base de los estudios, una vocación, un trabajo. Al mismo tiempo que debemos ser responsables de nuestra vida, tenemos que asumir la responsabilidad de no tener hijos antes de tiempo. De no casarnos antes de tiempo. Una cosa es tener relaciones sin casarte con esa persona, y otra es que te diga que no está listo para el matrimonio, en cuyo caso no debes tomar la decisión de tener hijos así, a la ligera.

El temor como un obstáculo

Los temores se deben utilizar. Se deben explorar. Porque al hacerlo puedes aprender a desarrollar tu valor.

El temor puede avisarte de un peligro. Pero también te puede paralizar. Muchas veces tenemos temor de algo, y en vez de evitar la situación, porque es peligrosa para nosotros, nos quedamos inmóviles. Todos hemos oído hablar de personas que siguen en el mismo trabajo para siempre porque están conformes con su salario. No es que estén cómodos, sino conformes. Pueden pagar la casa, pueden comer, más o menos. No pueden salir, pero viven. O sobreviven. Cuando tienes un plan y lo llevas a cabo a un punto que dejes atrás el temor, entonces verás la diferencia entre vivir y sobrevivir. Todo lo que vale de verdad en la vida nos da temor. Ya sea hablar en público, casarnos, terminar una relación negativa. Es importante reconocer que en el momento en que sentimos ese temor, ahí hay un reto, y posiblemente una meta.

Obstáculos del pasado

En primer lugar, vamos a hablar sobre quién eres y de dónde vienes. Ese de dónde vienes se remonta a la famosa mochila de mis dos primeros libros. Me refiero a esa "mochila" en la que cargamos nuestras emociones y reacciones a las situaciones que nos impactaron en el pasado, principalmente las cosas que nos dijeron e hicieron durante nuestra niñez.

Durante tu infancia, ¿qué fue lo que te inculcaron? ¿Que no sirves para nada? ¿Cuáles son los mensajes negativos que te dieron?

Cuando te dan mensajes negativos que tú aceptas, esos mensajes se convierten en tus realidades, a menos que tuvieras en algún momento, en esos primeros años de tu vida, a alguien que contrarrestara esos pensamientos y tú, por naturaleza, por tu genética, o por lo que sea, decidiste decir: "A mí me han dicho todas esas cosas, pero les voy a demostrar que no es verdad".

**Ya hemos dejado el pasado atrás.
Ahora vamos hacia adelante.**

Por eso es tan importante prestar atención a los pensamientos. Es importantísimo estar atento a los que nos decimos, pues eso va a tener impacto en el camino hacia nuestras metas. Escucha lo que te dices.

Yo creo que debes actuar como un guardián de tus pensamientos, sobre todo cuando tienes planeada una meta.

También debemos prestar atención a nuestros estados de ánimo. Porque muchas veces se pueden convertir en un círculo vicioso: Los pensamientos negativos y nuestros estados de ánimo actúan en conjunto. ¿Qué cosas debemos evitar? Las generalizaciones. Por ejemplo, si no tuvimos éxito en algo, decimos: "Siempre fracaso".

Entonces debemos eliminar de nuestro vocabulario los extremos como siempre, nunca y todo, porque son expresiones que nos llevan a lo que realmente es un fracaso.

También tenemos que evitar leer la mente a los demás, o creer que leemos la mente de los demás. Llegamos a un lugar y pensamos que todo el mundo nos está mirando. Pensamos: "Seguro que están diciendo que la ropa que llevo no es la adecuada para este lugar, o que no me arreglé el pelo, o que soy fea".

Tenemos que evitar leer la mente. Debemos tener una forma de contrarrestar esos pensamientos.

Como te voy a explicar en el capítulo sobre los grupos de apoyo, posiblemente un mentor o una amiga nos puede ayudar a reconocer lo que es verdad y lo que nos estamos imaginando.

Encontrando apoyo

Por supuesto, esa otra persona es una persona en quien confías. Puede ser un mentor, puede ser tu compañero o compañera. Pero siempre debemos tener un grupo de personas que nos respalde.

A ellos le vas a hablar de tu meta, de lo que quieres lograr, cómo, y por qué. Porque cuanto más comentemos nuestros sueños o metas, más nos comprometemos a lograrlos.

Cuando uno está con una persona que realmente quiere respaldar tu plan, por lo general, ese plan se hace más fácil. Puede ser tan sencillo, si no tienes esposo o no tienes compañero, que le digas a una compañera, a una amiga: "Yo quiero que seas mi ángel. Y todos los días te voy a decir la verdad, si caminé, cuánto caminé".

O a lo mejor esa persona quiere acompañarte a caminar. Eso lo hice yo una vez. Una vez le dije a una vecina mía que quería bajar de peso, pero me costaba trabajo salir de la casa. Y esa persona me dijo: "Te acompaño porque yo lo necesito también".

Son pocas las personas que no necesitan caminar. La mayoría lo necesitamos. El ejemplo anterior quizás sea una analogía fácil. Pero supongamos que quieras aprender inglés. Entonces, a lo mejor puedes buscar a alguien que quiera aprender inglés igual que tú. Alguien que cuando no quieras ir a clase, te diga, "De eso nada. Tenemos que ir".

Puedes buscarte a una persona que ya sepa inglés, a quien le vas a comentar al final del día lo que leíste en un periódico o en una revista.

Pon manos a la obra

Para poder tener éxito en la vida hay dos aspectos muy importantes: definir nuestra meta y actuar para lograrla. Yo creo que son los dos ingredientes más importantes. Sin acción, todo se convierte en pura habladuría. Porque es muy fácil decir las cosas y no hacer nada. Sin dar ese primer paso no podemos llegar a nuestra meta. Por eso es tan importante.

Para poder actuar, hay que dividir ese plan en una serie de pasos: el primer paso, el segundo y el tercero. El primer paso debe ser el más sencillo. Puede ser el reconocimiento de tus habilidades. El segundo paso, el reconocimiento de los obstáculos. El tercer paso es comenzar a plantearte cómo quitar el primer obstáculo. Si eso significa que tienes que aprender inglés, pues empieza a aprender inglés.

Esos pequeños pasos nos impulsan. Nos dan fuerza para seguir adelante. Como dijo el filósofo chino Lao Tse hace más de dos mil años, una caminata de mil millas empieza con un pequeño paso.

Nosotros somos nuestros peores enemigos. Somos especialistas en buscar pretextos para no seguir adelante. Por lo general eso es una señal y es algo muy normal tener temor a lo que no conocemos. Estamos cómodos con las chancletas viejas. Estamos cómodos con los pantalones cortos que tienen veinte años porque nos quedan sueltecitos. Al saber que tenemos que ponernos zapatos que al principio quizás nos van a quedar un poco apretados, y que tenemos que amoldar a nuestros pies, preferimos seguir con las chancletas viejas y los dedos afuera. Y es muy posible que si quieres emprender un camino nuevo, vas a necesitar zapatos nuevos para andar. Entonces tienes que dejar las chancletas, y tienes que aprender a caminar con los zapatos un pelín más apretados.

No basta con un plan; se necesita un plan de acción

Un plan no tiene motor. Un plan de acción tiene su motor. El plan que no diga plan de acción, y no tenga un primer paso, que es fácil de hacer, es exactamente igual a esos modelos de automóviles que construyen los niños: no van a ningún lado.

Poniéndole a tu plan de acción ese primer paso que es posible es como añadirle un motor al modelo que has construido. Le pusiste pilas a tu plan. Y recuerda que muchas veces si es un motor, hay que echarle gasolina. Y si son pilas, hay que cambiarlas cuando se gastan.

El reconocimiento de que de vez en cuando tenemos que cambiar las pilas significa que en ese plan de acción tiene que haber un momento de evaluación. ¿Adónde voy? ¿Es ésto lo que yo quiero? Porque quizás muchas veces nos tenemos que quedar en el cuarto paso porque nos gusta ese cuarto paso. Te dices: "Me siento feliz aquí. ¿Para qué ir al séptimo paso si estoy bien en el cuarto?".

Así que la evaluación, el análisis, es algo que tiene que figurar continuamente en ese plan de acción.

Pequeños pasos para cosechar grandes triunfos

Yo creo que cuando preparamos un plan de acción y lo dividimos en varios pasos, cuantos más pasos haya y más pasos logremos, más placer vamos a sentir en nuestro logro, ¿no crees? Porque más éxito tienes.

Hay a veces no solamente una sola meta, sino varias. Por supuesto, concéntrate en la más plausible al principio, porque necesitamos saborear lo que es el triunfo. Porque por medio de pequeños triunfos logramos nuestras metas.

Es igual que cuando aplaudimos a un niño porque se ha puesto de pie, o porque ha aprendido a gatear. Ese reconocimiento lo prepara para empezar a caminar con éxito y después para correr. Cuando el niño dice por primera vez "papá", y todos nosotros lo aplaudimos, lo estamos preparando para que se sepa expresar con palabras. Cuando un niño logra quitarse un pañal, eso lo prepara para ponerse la ropa.

Así, todo en la vida es una serie de pasos. Es una serie de logros que nos llevan al triunfo. Pero tenemos que darle la oportunidad para que eso ocurra. Si tú dejas a un niño dentro de una cuna, y no le das la oportunidad de explorar, no va a aprender a gatear. Si dejas un niño de cuatro años con los pañales puestos, porque eres muy haragana para enseñarlo, ese niño no va a aprender a controlarse.

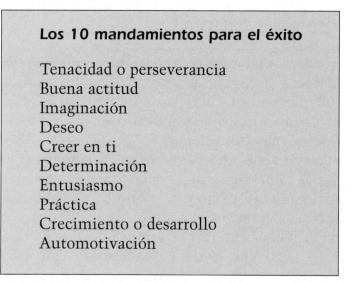

Los 10 mandamientos para el éxito

Tenacidad o perseverancia
Buena actitud
Imaginación
Deseo
Creer en ti
Determinación
Entusiasmo
Práctica
Crecimiento o desarrollo
Automotivación

Tu primer paso para determinar tu futuro, para tener éxito en la vida, comienza en el próximo capítulo.

Capítulo 1

Paso 1:
Determina Tu Meta

Antes que nada, tienes que saber qué es lo que quieres. Tienes que definir tu meta. Ése es el primer paso. Porque antes de saber cómo llegar, necesitas saber hacia dónde vas.

Y, antes de eso, tienes que saber dónde estás, porque si piensas ir a China, hay una gran diferencia entre partir desde Japón y partir desde Londres. No puedes salir sin saber cuál es tu punto de partida.

Lo mismo sucede con el éxito en la vida. Necesitas saber qué significa el éxito para ti. Debes determinar tus objetivos para que sepas hacia dónde te diriges. Sin embargo, antes de empezar a pensar en las formas de llegar a tu destino, tienes que saber cuál es tu punto de partida. Necesitas conocer tus habilidades.

Reconociendo tus habilidades

En mi segundo libro, *Los 7 pasos para el éxito en el amor*, mencioné una frase de la escritora Anaïs Nin: "Todos vemos el mundo no como es, sino como creemos que es".

Yo creo que es sumamente importante que

nos acordemos de ese dicho a la hora de determinar y examinar nuestras habilidades. Tienes que quitarte las gafas al mirarte al espejo.

Casi siempre nos miramos en el espejo con las gafas que nos dieron en la niñez. Si no nos quitamos esas gafas, sobre todo aquellas que son de cristal grueso, no vemos bien. Esos cristales gruesos pueden ser los malos tratos, los pensamientos, los mensajes negativos . . . todo lo que es negativo. Groserías, abusos, todas esas cosas negativas pueden causar que no veamos bien nuestro futuro ni nuestras habilidades.

> **Las habilidades son la base de nuestro punto de partida, independientemente del rumbo que pensamos tomar.**

Las habilidades son los pilotes que soportan el edificio. Son los ingredientes para hacer una torta. Son las semillas para poder sembrar una planta.

En otras palabras, tú eres quien tiene que ponerse en movimiento, quien tiene que analizar y decir: "Bueno, yo tengo esta habilidad. Recuerdo que esto es lo que me gustaba hacer. ¿Qué puedo hacer con esto?". Y entonces debes hacerlo.

Si quieres ser artista de cine, tienes que tener

una dirección apropiada, tienes que tener una capacidad de memoria bastante amplia porque tienes que memorizar varias cosas. Te puedo decir que en *The Bold and the Beautiful*, una telenovela norteamericana en que tuve un papel pequeño, te tienes que aprender los libretos y tienes que aprender a dramatizar. Ése es un ejemplo. Pero, de cualquier forma, tienes que ver qué conlleva lo que quieres hacer. Hay quienes nacen con una personalidad increíble, pero si no tienen facilidad de palabras ni retentiva para aprenderse un libreto de memoria, no pueden ser actores. En los orígenes del cine, las películas eran silentes. Hay varios casos de actores famosos de esa época, aclamados y adorados por el público, que no pudieron hacer la transición a las películas sonoras. Tenían una voz desagradable o un acento que los hacía difíciles de entender.

Da igual. Lo importante es que nuestras habilidades nos dicen dónde y con qué estamos comenzando. Eso no quiere decir que tenemos que quedarnos ahí. Al contrario. Reconocer nuestras habilidades en este momento es necesario para saber dónde estamos, para saber qué necesitamos para llegar a donde queremos ir. Esos actores posiblemente podrían haber tomado clases de elocución y practicado todos los días para quitarse el acento.

Esos ejemplos demuestran por qué tienes que ser realista al examinar cuáles son tus habilidades. Y como muchas veces las cosas resaltan más cuando están escritas en blanco y negro en un papel, vamos a hacer una lista. Todos podemos nombrar ciertas habilidades que reconocemos tener. Hay acciones de las que somos capaces, como poder cantar o pintar. Hay ciertas cualidades innatas, como poseer la capacidad física para correr rápido o ser bien parecidos. Es decir, si eres muy bonita, más fácil será para ti ser modelo que para alguien que no lo es. Eso, entonces, te da una habilidad dentro de la carrera del modelaje o quizás en la industria de la cinematografía, y se debe anotar.

Tenemos que notar todas nuestras habilidades manuales, nuestras habilidades cognitivas. Habilidades en el área del arte. Habilidades espirituales. Habilidades físicas. Anota todas las habilidades que observas, pero también investiga con tus amistades. Pregúntales: "¿Cuáles son las cosas que te agradan más de mí?".

Explícales a cada uno: "Quiero que me digas la verdad. ¿Qué cosa es? ¿Mi personalidad? ¿Soy carismática? ¿Mi forma de tratar a la gente? ¿Mi seriedad en lo que hago?".

Haces un inventario. Y apuntas aquellas cosas también.

Al terminar, se debe parecer a lo siguiente. Las habilidades que he puesto aquí son sólo ejemplos, pero por supuesto te pueden servir como una lista para comparar con la tuya.

Mis habilidades

Talentos naturales:
Canto bien
Nado muy bien
Tengo las piernas bonitas

Talentos o habilidades adquiridos:
Toco el piano
Sé manejar computadoras
Soy buena cocinera
Sé alfarería
Sé coser
Soy muy buena en matemática

Rasgos de la personalidad:
Soy muy buena con los niños
Siempre estoy de buen humor
Aprendo rápido
Soy muy ordenada
Soy muy puntual
Me gusta leer
Me gusta estudiar
Me gusta ayudar al prójimo

Habilidades y actividades sociales:
Tengo muchos amigos
Participo en mi parroquia
Hago trabajo voluntario para ayudar a los ancianos

Educación:
Terminé dos años de escuela de enfermería

Y creo que eso ya nos va enfocando, por lo menos en lo que nos da placer, en lo que nos da paz, en lo que nos da tranquilidad. Y posiblemente ahí podemos encontrar nuestra próxima meta.

Reconoce tus valores

No sólo es importante ver las habilidades. También debes examinar qué valores tienes. Reconocer tus valores te ayuda a determinar qué quieres en la vida y, de ahí, a definir tus metas. Porque si para ti es extremadamente importante que la gente no se metan en los asuntos tuyos, no creo que puedas ser artista de cine. Si te es esencial estar cerca de tu familia y pasar mucho tiempo con tus seres queridos, no creo que debes ser marinero.

Eso es muy importante. Porque si la necesidad de tener la familia cerca es fundamental para ti y los dejas para ir a trabajar a Chicago, vas a sufrir. No importa cuánto te paguen. Tal vez tenemos un amigo, el mismo que nos invitó a solicitar ese trabajo, pero no tenemos familia. Y después de un tiempo nos damos cuenta de que ese amigo no se preocupa mucho por nosotros. Si nuestra necesidad personal es estar cerca de la familia, es necesario estar ahí con ellos.

En mi programa de Radio Única he recibido llamadas de gente que me dicen que se han mudado a Chicago.

"No sé qué hacer", me dijo uno. "Aquí hace frío cuando sopla el viento y los trabajos se ponen muy difíciles".

Le pregunté: "¿Por qué estás triste?".

"Es que mi esposa está en San Francisco".

"¿Tenias trabajo en San Francisco? ¿Vivías

bien en San Francisco?"

"Sí. Bastante bien".

"¿Qué esperabas encontrar en Chicago?"

"Un amigo me dijo que iba a ganar buen dinero".

Le pregunté: "¿Y has ganado buen dinero?".

"Sí", respondió. "He ganado buen dinero".

"¿Tú crees que puedas traer a tu esposa a Chicago, para que el cambio no sea totalmente una pérdida?"

"A ella no le gusta Chicago", me dijo.

"¿Funciona bien tu matrimonio?"

"Sí", dijo él. "Mi esposa es ideal".

Entonces le dije: "Bueno, si necesitas estar con tu esposa, y comprendo que así sea, a mí me parece que tienes que regresar a San Francisco. Si la necesidad es tan grande, entonces no te queda más remedio que regresar. Y no lo mires como una pérdida. Fuiste, ganaste dinero y ahora regresas. No perdiste. Fue una experiencia nueva".

Otros tal vez dirían que el viaje a Chicago fue un fracaso. Yo no creo. A todo eso llamado "fracaso" vamos a ponerle otro nombre. Vamos a llamarlo "experiencia". Tal vez no tuvimos el éxito que habíamos planeado, pero creo que podemos encontrar una enseñanza. Y si aprendimos algo, fue un éxito.

> **Examina tus valores. Los valores son importantes.**

Entonces, al igual que hacemos una lista de nuestras habilidades, se debe hacer una lista de los valores importantes. Y de las cosas que valoras. Para mí sería el leer, el poder continuar la alimentación de mi intelecto. Hacer ejercicios, estar con mi familia, poder rezar. Tal vez las tuyas son similares. Tal vez no. No importa. Si te gusta estar sola, en la naturaleza, o si tienes necesidad de bailar y de rodearte de gente, esos son tus valores. Anótalos en la lista. Escríbelos todos.

Cuando termines, míralo bien. Vamos a hacer ahora una lista de prioridades. De las cosas que has apuntado, pregúntate cuál es la más importante. Y después, la segunda en importancia. Y así sucesivamente. Posiblemente encuentres que hay dos cosas, o tres, que tienen el mismo valor para ti. Está bien. Márcalas con el mismo número. O sea, si después de estar con tu familia, de ser muy responsable en el trabajo y de tener ropa de moda, a ti te gusta tanto bailar como hacer ejercicio, le das a esos dos el mismo puesto en tu lista de prioridades. Tu lista, entonces, sería algo así:

Mis prioridades

Familia (1)
Bailar (6)
Responsabilidad en el trabajo (2)

Ropa (5)
Ejercicio (3)
Viajar (4)
Etcétera

Después, para que te sea más fácil, podemos poner todas esas prioridades en orden en otro papel. La lista final será algo así:

Mis prioridades (en orden)

Familia
Responsabilidad en el trabajo
Ejercicio
Viajar
Ropa
Bailar

Seguido por todo lo demás que tienes en tu lista.

Como siempre, las prioridades que he puesto son sólo ejemplos para demostrar cómo deben ser las listas finales. Lo importante es que determines cuáles son tus prioridades.

Identifica tus objetivos

Aunque para poder determinar una meta hay que decidir qué es lo que queremos, es más importante reconocer el porqué. ¿Cuál es el propósito de esta meta? Y ese propósito es el que no nos deja otra alternativa que lograr esa meta. Lo único que nos va a hacer cambiar el status quo son dos sentimientos, dos emociones: el dolor y el placer. No es: "Lo debo de hacer por esta razón y la otra". ¡No! "¡Tengo que hacerlo!".

Un ejemplo es un ejemplo personal, que en los últimos diez años, pensaba que era por las operaciones de la pierna, o combinado con el hecho que ya mi cuerpo presenta menopausia, y no funciona como antes, mi peso empezó a escalar aunque yo comía menos. Haciendo dietas, haciendo de vez en cuando ejercicios, bajaba ocho o nueve libras. Pero si no continuaba haciéndolo, el peso volvía.

Cuando fui al médico, me dijeron que tenía el colesterol alto, y fue ahí cuando me preocupé. Esa preocupación fue el primer paso hacia el "tengo que hacerlo". Me hizo cambiar del "debería hacerlo" al "tengo que hacerlo". Y me vi en una situación en la que la meta no era comer menos, sino tener un peso saludable y bajar el colesterol.

Entonces, para poder determinar una meta, tenemos que ser específicos en el propósito de nuestra dieta. Por supuesto, el propósito puede ser para lucir mejor. Pero tiene que ser el de vernos mejor porque tenemos que hacerlo y no porque simplemente queremos. En vez de dejarnos llevar por los pruritos de la sociedad, debemos llevar a cabo ese propósito por el hecho de que vamos a sentirnos mejor, vamos a tener una mejor vida y seremos más longevos.

Por eso todas las dietas al principio del año fracasan. Porque no encontramos algo que realmente nos duele y nos motiva. El placer no es suficiente. Para poder llevar a cabo una meta debes encontrar una motivación, algo que te mueva a salir de esa situación de conformidad en la vida. Tienes que descubrir realmente por qué lo tienes que hacer. Si eso implica que te desnudes delante de un espejo y examines tu cuerpo parte por parte —que el resto de tu familia ya ha visto pero tú no quieres ver— tienes que hacerlo.

Mírate en ese espejo con los ojos abiertos, con las luces encendidas, y si puedes te pones un par de focos. Si no, te vas a una tienda, y te pones una trusa, y te miras en esos espejos en los que puedes verte por los cuatro costados. O sea que te duela. Porque esa imagen viva, visual, te va a dar el dolor que necesitas para motivarte.

Si el problema es, por ejemplo, de finanzas, acude a alguien que te diga la verdad. "Oye, si esto sigue así, tú no te puedes retirar". Si eso te causa suficiente dolor, pensar que vas a trabajar hasta el día en que te mueras si no haces algo, vas a cambiar. Vas a hacer algo.

> **Tener que hacer es más fuerte que querer hacer.**

Puedes tener tres metas andando al mismo tiempo, según la seriedad y la necesidad íntima que tengas. Como te dije desde el principio, aquella pasión que tienes o el dolor intenso que sientes es lo que determina tus metas, y la que primero vas a lograr. Lo mismo sucede cuando tienes un sueño que nunca has logrado. Sabes que es una habilidad que tú tienes porque todo el mundo te lo ha dicho, ya sea pintar, ya sea cantar, ya sea componer canciones. Comprendo que a veces no podemos llevar a cabo muchas de las habilidades que tenemos, porque tenemos necesidades más básicas como el techo, la comida, nuestra familia. Pero siempre debemos apartar tiempo para realizar aquello que es nuestro destino, eso para lo que nacimos. Es mirar hacia adentro y decir: "Ésta es la razón de mi vida".

Asegúrate de que tus metas sean realistas

Cuando encuentras esa pasión que te mueve, nada te para. Te das cuenta de que sientes un placer inmenso cuando haces algo para lo que naciste. Al levantarte por la mañana, lo haces con placer.

Pero al mismo tiempo tienes que ser realista en cuanto a tus habilidades y tus debilidades. Una persona que por A o por B tiene problemas reales en las piernas ya diagnosticados, no digo que le sea imposible, pero creo que le costaría un poco correr y ser el más rápido en un maratón. Quizás puedas correr en un maratón para minusválidos, y creo que si ése es tu deseo, lo debes hacer.

Si llegas a este país y me dices que eres indocumentado, que tienes problemas de que no hablas el idioma, y me dices que quieres ser abogado, yo te diría: "Mira, esa carrera quizás la puedas estudiar en tu país, donde se habla tu idioma. Quizás ahí tienes un círculo de familiares que te pueden ayudar con ese propósito. Pero aquí te va a ser muy difícil".

Tienes que ver cuáles son las exigencias de esa carrera, y cuál es tu inventario de habilidades. En México a lo mejor puedes estudiar medicina o derecho y el gobierno te ayuda si tienes buenas notas.

A alguien que no le gusta estudiar y me dice que quiere ser abogado, le diría: "Bueno, si no te gusta la escuela, olvídate". No está en el inventario de esa persona. Yo siempre voy a preguntar cuál es tu inventario y cuáles son tus limitaciones. Es necesario tener más que persistencia. Tienes que saber en qué te estás metiendo.

Si me dices: "Tengo cincuenta y seis años, siempre me ha gustado el baloncesto y quiero ir a las Olimpíadas con el equipo de Estados Unidos", yo te diría: "Espera. Vamos a examinar esta meta tuya".

"Hasta ahora, las limitaciones para ese tipo de actividad creo que tienen que ver con la edad. Eso no quiere decir que no puedas jugar baloncesto, que no puedas entrar en un grupo de personas de tu edad que practiquen deportes. Inclusive, puede ser que ganen y que tengan reconocimiento a nivel mundial".

Haces una investigación. ¿Hay algún equipo de esa edad que se reúna para practicar ese deporte? Si no, posiblemente lo puedas organizar tú. Buscas otros que estén interesados y los invitas a participar.

Tienes que ser realista con tus metas. Los años pesan. Si te gusta competir y ganar medallas, puedes hacerlo. Muchos estados en los Estados Unidos tienen olimpiadas especiales para gente de edad más avanzada. Participar en esos juegos deportivos es realista para ti, y de esa forma puedes lograr tu meta.

Hay que ser realista con las metas.

Hace poco leí sobre una persona que tuvo una gran tragedia en su vida. Se trataba de un triatleta de renombre, y en una de sus carreras lo atropelló un carro y perdió una pierna. Para la mayoría de la gente, ése hubiera sido el final. Se hubieran retirado para siempre. Sin embargo, le pusieron una prótesis y empezó de nuevo a correr. No podía nadar y le resultaba difícil montar bicicleta, pero se convirtió en corredor de maratón. Este atleta nos ha demostrado que podemos. Aunque nos falte una pierna, podemos. No importa si ha disminuido nuestra capacidad física. Eso no significa que no podemos hacer algo.

No obstante, sí tenemos que ser realistas. Este señor ya sentía pasión por correr. El factor pasión es muy importante. Esa pasión lo llevó a ponerse la prótesis para correr. Sus músculos, su cuerpo, su mente ya estaban entrenados para correr, aunque eso no implica que si no estás entrenado no lo puedes lograr también.

Ha habido casos en la historia de gente sin piernas que han decidido escalar montañas. Necesitan el equipo esencial y ayuda especial debido a sus limitaciones físicas, pero lo hacen.

Yo he tenido alumnos que han querido ser abogados por seguir los pasos de sus padres, o por la razón que sea, pero que les cuesta mucho trabajo leer. Lo que han hecho es pedirle a alguien que les grabe todo lo que tienen que leer. Y así se han aprendido los textos, porque están completamente determinados a alcanzar esa meta.

O sea que esas personas han superado los obstáculos que se les presentaban para lograr sus metas. Han hecho todo lo posible por llegar a esa meta.

También tenemos que ser realistas al reconocer los requisitos de nuestra meta. Por ejemplo, si quieres ser maestra, hay que saber lo que es querer ser maestra. Al igual, tenemos que ver los beneficios.

Por ejemplo, cuando tienes veinte o treinta años, tienes hijos y quieres pasar el verano con ellos, quieres pasar las Navidades con ellos, quieres tener un trabajo lo suficientemente flexible como para poder ser madre, un trabajo en educación es posiblemente el más realizable. Ser azafata, por supuesto, te da la ventaja de poder viajar, de ver el mundo y de conocer mucha gente. En otras palabras, siempre tienes que ver las implicaciones de lo que quieres. O sea, siempre tienes que investigar para tener el conocimiento en qué demonio te estás metiendo. No glorifiques tanto tu meta. Pon los pies en la tierra. Cada trabajo tiene muchísimas cosas buenas, pero también tiene sus requisitos.

Realmente, todas las metas tienen sus dificultades. Para alcanzarlas hay que sacrificarse. A mí me dicen: "¡Cómo viajas! ¡Me encantaría poder hacerlo!". A mucha gente le parece encantador, pero, claro, nunca me ven cuando me levanto a las cuatro de la mañana, cojo las maletas y corro para el aeropuerto, para poder volver a abrir la maleta, a cerrar la maleta, a meterme en un avión que está atrasado, y pasar un día entero viajando.

Prepárate para el fracaso

A veces no somos realistas al hacer nuestros planes porque en verdad estamos preparándonos para fracasar. Estamos poniendo la proa hacia el fracaso.

Por ejemplo, decimos: "Voy a bajar ciento veinte libras". O: "Voy a ser millonario a los treinta años". Y ya tienes veintiocho. Eso no es un plan, eso es un plan para fracasar. Tenemos que preguntar a nuestras amistades o a otras personas: "¿Qué se necesita para lograr esa meta? ¿Qué se necesita para no fracasar?".

Por ejemplo, vete a un centro vocacional, o una escuela, donde digas: "Yo quiero ser maestra". Hay lugares especiales donde te pueden hablar sobre eso, donde hay consejeras vocacionales. En las universidades hay consejeras. Si estás estudiando por la noche en una escuela secundaria, ve a ver a un consejero y explícale lo que quieres.

Tantas personas me han dicho: "Yo quiero ser sicóloga como usted".

A uno que me dice eso le pregunto: "¿Cuáles son tus medios económicos?".

"Bueno, mis padres no tienen dinero. A duras penas podrían ayudarme a pagar los estudios".

A lo que yo respondo: "Bueno, para ser sicóloga tienes que estudiar todos estos años. Para ser doctora, pediatra o algo así necesitas todo este tiempo de colegio. ¿Puedes? ¿O puedes hacer otra cosa que te lleve por ese camino para alcanzar esta meta tan maravillosa que tienes?".

La doctora Isabel comenzó siendo educadora. Le gustaba enseñar a los niños. Su mente era muy creativa. Me informé bien en lo que tenía que hacer y me di cuenta de que para poder ser sicóloga yo tendría que tener conocimiento de los seres humanos. ¿Qué mejor que estar en una clase con treinta alumnos? Después puedes seguir estudiando, pero ya estás ganando dinero. Así lo hice yo. Estás alimentándote, y estás abriendo los ojos. Hasta tienes la oportunidad de analizar si de verdad es ésa la meta que quieres o no.

Un cambio de metas

Las metas se pueden cambiar. A veces abandonas una meta porque, cuanto más aprendes, más cuenta te das de que esa meta no era verdaderamente para ti. Otras veces saltas de una meta a otra porque, al cumplir una cosa, encuentras otra que quieres hacer.

Si te estás mudando de Texas a Nueva York, quién dice que al pasar por Carolina del Norte no digas: "¡Ay! ¡Qué precioso es esto! Vamos a ver qué tal son las universidades por aquí. Y los estudios. Y esto y lo otro".

A lo mejor exploras un poco y te das cuenta de que las casas están baratas también. Si de verdad ibas en búsqueda de un sitio donde vivir para poder comenzar o continuar tus estudios, ¿quién dice que tienes que seguir por el camino original?

Fíjense en mí. Y fue porque la vida me

enseñó. Me di cuenta de que cuando estaba ya terminando mi maestría, me encantaba enseñar a los maestros. Me encantaba hacer los seminarios. Ya yo estaba preparándome para algo que todavía desconocía.

El éxito trae nuevas metas.

Hay que tener retos. Creo que cada día debe ser un nuevo reto. De lo contrario, te invade el tedio. Cada vez hay que seguir esforzándose. Si alguien te dice: "Hoy has estado magnífica", eso me parece fantástico. No obstante, tienes que preguntarse si de verdad lo estuviste.

Digamos que eres jugadora de baloncesto y ganas el partido. A pesar del triunfo, debes reflexionar y preguntarte: "¿Jugué al máximo de mi capacidad?". Quizás el otro equipo jugó mejor. O a lo mejor el otro equipo tuvo suerte y en el tuyo no hubo cooperación, y tú te diste por vencida al concluir la primera mitad.

Creo que somos nuestros peores críticos, y nuestros mejores también. Y tenemos que esforzarnos al máximo porque, si hoy has estado excelente, tienes que identificar por qué. Luego viene: "Veamos qué tengo que hacer para mañana". Creo que siempre debemos mejorar nuestra actuación.

Creo que para determinar una meta, tenemos

que ver hasta dónde podemos llegar. Y eso no solamente ocurre con una meta. Puede suceder con las muchas metas que te vas a poner en tu vida. Una vez que te sientas cómodo con lo que has conseguido, piensa que a lo mejor hay algo más. O, por lo menos, mantén los ojos abiertos para ver si hay una meta al nacer.

No todas las etapas de éxito en nuestra vida se determinan en la profesión. Pueden ser en la vida personal. A lo mejor has llegado al éxito de la primera etapa, y te faltan otras etapas. Al igual que la doctora Isabel, que logró pequeños éxitos, yo considero que mirando desde la perspectiva actual, con cada meta que cumplimos vamos encontrando nuevos retos. Y nos vamos haciendo nuevas metas.

Cuando me rompí la pierna y me vi en una silla de ruedas, me di cuenta —yo sola, o quizás el universo o Dios me mostró el camino—que había algo más para mí, y que estaba evitando crecer. Me forzó a mirar donde yo estaba y para donde iba. O, en mi caso, que ya no iba. Cuando lo reconocí y me vino la propuesta de Radio Única, lo vi como un chance de hacer algo nuevo y de tener un crecimiento más grande.

Todavía estoy en el proceso de crecimiento y aún me faltan facetas de mi vida, aunque estoy en una edad madura, de una mujer que tiene nietos. Por mi edad podría pensar: "Me debo jubilar". Pero no. Estoy pensando en otros mundos. Más que nada estoy mirando a ver qué me indica mi Dios Supremo. Por lo visto, siempre me mantengo alerta, y ése es otro mandato para ustedes.

Estén alertas a las oportunidades. No se queden estancados con una sola meta. Cuando terminen esa meta, cuando hayan logrado esa meta, fíjense en las otras oportunidades que se les están presentando.

Cada vez que vences algo, llenas tu tanque de valor. Ganas confianza en ti mismo. Y cuando ese tanque se llene, nada te para.

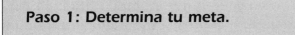

Paso 1: Determina tu meta.

CAPÍTULO 2

PASO 2:
PREPARA UN
MAPA DE VIDA

Casi siempre hay varios caminos para llegar adonde vas. Unos son más largos. Otros, más cortos. Ya cuando defines cuál es tu meta, tienes que ver cómo llegar.

¿Qué nos dice el mapa de la vida?

Si estamos saliendo en un viaje por carretera con destino a Nueva York, sabes dónde vas a terminar, pero tienes que hacer los planes de cómo vas a llegar.

Necesitas un mapa de carreteras que te indique cómo llegar. Si vas de Miami a Chicago, el mapa te mostrará el mejor camino. Puedes tomar el camino más corto, o el más largo, que es más pintoresco. Puedes tomar las autopistas principales o las carreteras estrechas que atraviesan los pueblos pequeños y los bosques.

Con un mapa, puedes ver si hay lugares de interés donde hacer un alto a lo largo del camino. ¿Pasaremos por Disney World? ¿Por qué no paramos y llevamos a los niños? ¿Prefieres ir bordeando la ribera del río Mississippi o ir por la costa del Atlántico? ¿Vamos a Nueva Orleáns? ¿Paramos en Atlanta?

El mapa de carreteras te ayuda a escoger una ruta, a planear tu viaje. Una vez elegida la ruta, verás cuánto tendrás que recorrer. Puedes establecer cuánto tardarás, cuántas noches tendrás que parar a dormir y cuántos días tendrás que comer en la carretera. Saber la distancia también te ayuda a calcular más o menos cuánta gasolina necesitarás. Entonces, sabiendo cuánta gasolina tendrás que comprar, cuántas comidas tendrás que pagar y cuántas noches tendrás que pasar en hoteles, podrás determinar cuánto dinero te hace falta. El mapa te ayuda a calcular tu presupuesto. Sin un mapa, vas a ciegas.

Un mapa de vida cumple la misma función: ayudarte a ver el camino ante ti. Tu meta es adonde vas. Tus valores te indican qué camino elegir o, al menos, cuáles evitar. Tus necesidades te impulsan. Con tu mapa, escoges el mejor camino.

> **Un mapa de vida te ayuda a escoger el mejor camino hacia tu destino.**

Tomemos un viaje como ejemplo. Quieres planear un viaje porque tu primo te llamó de Nueva York para decirte que allí hay mucho trabajo. Mi pregunta es: ¿Cómo vas a llegar? ¿Tienes dinero para llegar a Nueva York? ¿Sabes si te gustaría vivir en Nueva York? ¿Dónde vas a vivir y cuánto te va costar? ¿No? Investiga. Los cambios hay que hacerlos inteligentemente.

¿Por qué necesitas un mapa?

Nadie puede llegar a Chicago cuando está resuelto a llegar a Nueva York. Por eso necesitas mapa. Sin un mapa estás perdido. Sin un mapa de vida, también. Sólo vas vagando. Es como atravesar un bosque sin una brújula o sin un sendero que puedas seguir, o caminar con los ojos cerrados. Quizás piensas que estás avanzando hacia tu meta, pero en realidad te estás moviendo en círculos. Puede que des un paso hacia delante y dos hacia atrás. Si avanzas hacia tu meta, es por casualidad. También podrías fracasar completamente.

Sin un mapa, estás perdido.

Sin una meta, no tienes idea de adónde te diriges. Sin un mapa, no podrás decidir cómo llegar. El mapa te ayuda a ver el camino y planear los detalles. Si quieres estudiar medicina o derecho, hace falta mucho más que abrir un consultorio o un bufete. Se necesita estudiar muchos años. ¿Por qué? ¿Dónde? Sin un mapa no puedes hacer planes y nunca llegarás.

Preparando el mapa

Cuando vas a realizar un viaje, tienes que tener en cuenta por qué escogiste el lugar adonde vas. Hay fuerzas biológicas que nos mueven en nuestra vida y son aquéllas que nos hacen evitar el dolor u obtener placer. Pero de las dos, la más poderosa es la de evitar a toda costa el dolor. Para definir tu mapa, para definir tus metas, es importantísimo definir tus necesidades. Esas necesidades pueden ser físicas, emocionales, intelectuales, sociales, espirituales, morales, y éticas. Es importante diferenciar entre tus necesidades y lo que quieres porque, por lo general, cuando necesitamos algo, nos esforzamos más. No hay nada que te haga trabajar más que tener hambre.

Las necesidades van a servir como el motor para poder avanzar hacia la meta.

Preparando el mapa

A continuación, varias preguntas que te debes hacer cuando estés haciendo tu mapa de vida:
- ¿Qué necesitas más que nada en la vida?
- ¿Cuáles son tus sueños?

- ¿Qué tienes en tu vida que te sostiene o que te ayudaría a lograr esta meta?
- A nivel emocional, a nivel espiritual, a nivel intelectual, ¿cuál es la necesidad más fuerte que tienes?
- En términos de tiempo, esfuerzo y dinero, ¿cuánto nos va a costar?
- ¿Cuáles son los obstáculos que tenemos que superar?

¿Por qué ese camino?

Si habláramos de ese mapa como si fuera una trayectoria, si quieres llegar a Nueva York o a Chicago, la pregunta principal que yo te haría es: "¿Por qué quieres llegar ahí?".

Tenemos que hacer lo mismo cuando estamos examinando todas nuestras metas. Si tú me dices que quieres abrir una peluquería, te preguntaría algo parecido: "¿Por qué?".

"Porque mi amigo me dijo que en una peluquería se hace dinero".

"¿Y qué conocimientos tienes tú para determinar que ese dinero te va a dar lo máximo de tu vida?"

"Bueno, si tengo dinero, me puedo comprar una casa".

"¿Y qué te trae esa casa?"

"Si me puedo comprar una casa en Chicago, entonces mi familia puede vivir más cómoda. Y si mi familia vive con más comodidad, vamos a ser más felices".

"Ya veo. Entonces, lo que realmente buscas, tu prioridad, es tu felicidad".

Entonces ahí es de donde vienen tus necesidades básicas. De decirme: "Bueno, mi felicidad sería si pudiera trabajar ocho horas al día y tener tiempo para ir a pasear con mi familia, tener tiempo para ir a la iglesia, tener tiempo para poder estudiar la carrera que siempre he querido estudiar".

Entonces te preguntaría: "De todo eso que me has dicho, ¿qué es lo que más pasión te ha dado? Tú tienes un sueño, el de la carrera. ¿Es eso lo más importante para ti?".

Un viaje agradable

Por cierto, cuando te vas de viaje en el carro tienes que parar para comer, tienes que parar para dormir. Pero también debes detenerte para disfrutar un poco de tu vida. Por lo menos debes decir: "Bueno, el domingo no vamos a viajar".

En todas las metas debemos tener una parada, para analizar si lo que estamos haciendo nos está dando placer y evitando dolor.

Porque si no encontramos placer, van a empezar las quejas. Un viaje que debe ser placentero, que nos está llevando a un lugar de felicidad, se puede convertir en una causa de dolor.

Vamos a empezar: "¡Ay! ¡Este viaje es tan largo! ¿Qué estoy haciendo? ¿Estoy loca? ¿En qué me he metido? Vamos a regresar". Sin embargo, si tenemos los ojos abiertos, podemos analizar cada paso del camino. A lo mejor decidimos: "Quiero ser doctor". Pero cuando empezaste a estudiar, te diste cuenta de que eras feliz trabajando en un laboratorio. "Me gusta lo que estoy haciendo".

Sigue el camino de tu pasión.

Si eso te da la pasión de quedarte ahí, quédate. Sigue la pasión. Yo digo que tenemos que seguir el camino de la pasión. La pasión te da esa fuerza para seguir manejando cuando estás cansada, o cuando encuentras que el camino es más largo de lo que esperabas. Tienes que escuchar a tu corazón. Porque a veces nuestra mente no es la mejor consejera. A veces tenemos metas que han sido marcadas por los sueños de nuestros antepasados. Y tenemos que escuchar a nuestra propia voz.

Determinar lo necesario y cómo llegar

Al igual que te hace falta investigar para determinar qué caminos son más difíciles de recorrer, cómo evitar ciertos barrios y ver si hay requisitos especiales a lo largo del camino cuando vas a hacer un viaje, necesitas saber lo que necesitas para alcanzar tu meta y cómo llegar. Digamos que quieres abrir un restaurante. En ese caso, visita varios restaurantes. Aquellos que tienen éxito, y esos que no lo tienen. Siéntate a ver por qué tiene éxito uno, y por qué no el otro. Investiga. El factor dinero es algo importante. Empieza a ahorrar para poder emprender el camino hacia esa meta. Pero a la vez que vas ahorrando, vas investigando. Porque conocer es importante. Saber es importante. No olvides que cuando consideres una meta tienes que tomar en cuenta aquellas prioridades que tienes, como hijos y pareja. Si tienes pareja, ambos deben sentarse a hablar de lo que estás haciendo y por qué lo estás haciendo.

Sin disciplina no puedes lograr nada.

Otro factor importantísimo en el desarrollo de una meta es tener disciplina para alcanzarla. Tienes que tener disciplina para emplear tu tiempo, disciplina para ahorrar tu dinero. Sin disciplina no vas a lograr absolutamente nada. Es decirte y prometerte a ti mismo que lo vas a hacer, bajo las condiciones que tengas, pero te vas a dar la palabra a ti mismo. Porque eso es respetar tu palabra, y cuando te respetas a ti mismo, otros te respetan también, y la meta se te hace más fácil.

En mi programa de Radio Única he recibido llamadas de mucha gente que me dicen: "Doctora, voy a dejar mi trabajo para seguir mi meta".

Y yo les digo: "¿Tienes el dinero?".

"No."

"¿Ya tienes comprado el negocio?"

"No".

"¿Sabes algo de ese negocio?"

"No".

"Pues no dejes tu trabajo. Porque tienes una responsabilidad moral contigo mismo y con tu familia".

Sí se puede hacer todo. Te lo dice una persona que estudiaba, trabajaba, y cuidaba a su familia, a sus cuatro hijos y a su esposo.

Repito que tienes que estar atento a los pretextos que te pones a ti mismo para romper tu disciplina. "Hoy no voy a caminar porque tengo que escribir el libro". ¡No! Levántate una hora antes. Yo me he levantado hoy a las cinco y media. No pude caminar la media hora de costumbre, pero caminé quince minutos. No rompí mi promesa.

Ten cuidado, porque una vez que rompes esa disciplina, te quedas inmovilizado. Te dices que si no lo hiciste ayer, pues hoy no importa. Recuerda que tú eres responsable de tu mente, tu espíritu, tu cuerpo y tu conocimiento, y tienes que tener balance, que es algo que hablaremos en capítulos posteriores. La suerte es un factor que va y viene. Pero es más importante la determinación y tu perseverancia en seguir adelante. En el momento en que dices: "Hoy no, mañana", recuérdate que lo único que tienes y con que puedes contar es el día de hoy. ¿Qué excusas te das para romper tu compromiso? Escucha a tu voz interior.

Excusas que nos damos y cómo responder

Excusa	Respuesta
Estoy muy cansada. No puedo hacer mi ejercicio hoy.	El ejercicio me da energía. También me ayuda a dormir mejor. Si voy ahora, duermo mejor, y mañana me levanto con más energía.
No tengo tiempo para caminar veinticinco minutos hoy. Ya se está haciendo de noche.	Entonces voy a caminar quince minutos, hasta que oscurezca.
Lo hago mañana.	Lo que cuenta es hoy.

Yo creo que hoy en día, el que vaya a poner un negocio y no sabe nada de computadoras va a tener dificultades. Es una de las primeras cosas que tienes que aprender. Si no sabes, vete a la escuela. No importa qué trabajo es. Si vas a ser jardinero, la computadora no viene mal porque puedes usarla para ver dónde comprar las semillas más baratas. Porque acuérdate que en todos los negocios que pongas, cuanto más dinero ahorras, más dinero ganas. El conocimiento del aspecto financiero es importante.

Mirando ese mapa tuyo, mirando el camino hacia tu meta, vas a ver qué cosas necesitas aprender o mejorar. Aunque ya analizaste tus habilidades, ahora vas a notar aún más cuáles son los obstáculos, igual que cuando consultas un mapa de carreteras y planeas ese viaje. Si quieres cruzar a ver algo que está al otro lado del río y no hay puente, ese es un obstáculo. Tienes que buscar un bote o un puente para cruzar.

Cuando consultas tu mapa de vida, tienes que ver no sólo tu camino, sino incluir a todos lo que van contigo. Si estás casado con una mujer negativa y tienes que llevarla de la mano para que pueda creer en ti, eso es un obstáculo.

Modelos

El viaje de cada cual es único en su clase. No hay dos exactamente iguales, aunque existen similitudes de las que podemos aprender.

No eres la primera que se muda a Chicago. Ni

la primera en querer estudiar medicina o derecho, o querer ser artista. Al preparar tu mapa y planificar los detalles del viaje, puedes aprender de los que han ido antes que tú. Debemos fijarnos en otros que han tenido éxito, para ver cómo lo hicieron. Debemos examinar las características de los que han tenido éxito. Si tienes aspiraciones de ser artista de cine, debes tratar de aprender de la vida de un artista que admiras.

> **Estudia la vida de las personas que admiras.**

Te vas a dar cuenta de que, al dar su primer batazo, Mickey Mantle no fue el mejor. Tuvo que practicar muchos años para llegar a jugar en los Yankees de Nueva York. Tal vez verás que Mickey Mantle hizo algo en sus prácticas que después le dio resultado y que tú también puedes hacer.

Al estudiar lo que hizo, puedes descubrir cosas que te darán resultado. Aunque no todo te dará resultado, verás ciertas cosas que puedes copiar exactamente, y otras que puedes hacer con pequeñas modificaciones.

Entonces, si tienes talento natural y estás dispuesto a esforzarte como él, es posible que llegues a ser hasta mejor que Mickey Mantle, o el que sea, poco a poco.

Metas a corto plazo

Si quieres ser pelotero en las grandes ligas, primero tienes que saber cómo batear y mucho más. Se requiere mucha práctica. Puede que tu sueño sea batear un jonrón en la Serie Mundial. Para lograrlo, tienes que superarte para poder jugar en las grandes ligas. Pero primero tienes que aprender a batear la pelota.

Lo mismo pasa con todo. Hay objetivos a corto plazo y objetivos a largo plazo, y todos están compuestos por pasos pequeños. El objetivo a largo plazo es la Serie Mundial; el de corto plazo, convertirte en pelotero profesional. El primer paso es batear la pelota.

Es preciso identificar los objetivos a corto plazo que nos conducirán al objetivo a largo plazo. Son pasos cortos que nos van llevando a cierto lugar.

> **Con pasos pequeños llegamos a nuestra meta.**

Por ejemplo, hablemos de algo tan sencillo como bajar de peso. El problema es no aumentar de peso, ¿cierto? Aumentar de peso sería un paso hacia atrás. Si comenzaste con el paso de comer menos carbohidratos y caminar tres veces a la semana y logras no engordar, hay éxito.

Entonces puedes dar el segundo paso, el de hacer más ejercicios. En vez de hacerlo tres días a la semana, voy a hacer cinco días a la semana. Voy a tratar de comer más vegetales, frutas y pescado, y a lo mejor bajo un poco más. En otras palabras, vamos teniendo éxito con esos pasos. Nuestro primer objetivo a corto plazo es dejar de aumentar de peso. Luego queremos rebajar una libra, luego otra y así sucesivamente hasta alcanzar nuestro objetivo a largo plazo, que es el de reducir la talla hasta poder ponernos ese vestido rojo que tenemos en el closet. Si queremos comprar un negocio, primero vamos a investigar. Ése es el primer paso. Y el segundo paso—después de averiguar en mi investigación cuánto dinero voy a necesitar para mi negocio—es buscarme el dinero para abrir mi restaurante. Tal vez tenga que buscar inversionistas o pedir un préstamo.

Esas son las pequeñas metas, los pequeños pasos que nos llevarán a lograr nuestro sueño.

Metas a largo plazo

Quizás quieres mudarte a Chicago. Es muy posible que aunque así lo parezca, ir a Chicago no es tu meta final. Se trata de un objetivo a corto plazo en el camino hacia lo que quieres de verdad. La meta a largo plazo es: "Después de tener todo que pienso conseguir en Chicago, quiero estudiar". Si te pones a ver, ése es el mensaje invisible.

Por eso es tan importante analizar y preguntar. ¿Por qué quieres ir a Chicago? "Para la casa. Para la familia. Para que tengamos paz. Entonces puedo estudiar".

En realidad, su objetivo a largo plazo es: "Quiero estudiar. Tengo la necesidad intelectual de estudiar".

Lo que estás buscando es la felicidad. Esperas encontrarla en Chicago.

Pero, ¡Ojo! Muchas veces pensamos que al mudarnos vamos a resolver todos nuestros problemas. En vez de enfrentar lo que nos está causando dificultades, salimos corriendo. Pero mudarnos porque queremos llegar a un lugar no es lo mismo que huir de donde estamos. Es más probable que vas a cargar tus problemas contigo. Si eres un alcohólico o drogadicto, poco se resuelve con mudarte. Cuando llegas, sigues igual. Si estás peleando con tu esposa porque no te gusta como ella cuida a los niños, llevarla a ella y los niños a otra ciudad no va a solucionar nada.

Definición de los pasos hacia nuestra meta

Para determinar los pasos que debes tomar a fin de llegar a tu meta, tienes que identificar tu meta a largo plazo, el fin hacia donde te diriges, y de dónde vas a partir. Luego puedes establecer las metas a corto plazo que te conducirán a ese fin.

"Quiero ser médico. Estoy en undécimo grado".

Bien. Entonces tu meta a corto plazo debe ser tomar todos los cursos que necesitas para entrar a la universidad y luego a la facultad de medicina. ¿Has estudiado biología? ¿Has estudiado química?

Es importante que nuestra juventud se dé cuenta de que, para poder entrar en un programa que tenga que ver con medicina, cuantos más cursos de ciencias hayan tomado que reflejen esa habilidad, más posibilidades tienen de continuar.

Si me dices: "No me gusta la química; no me gusta la biología", yo te diría: "Entonces no estudies medicina". Es cuestión de ver qué te exige esa carrera. Cuando entres en la universidad, no puedes tomar los cursitos inútiles.

Para establecer tus metas a corto plazo y los pasos que debes tomar para alcanzarlos, anótalos en un papel. Cuanto más detallado sea cada paso, podrás ver con más claridad tu mapa de vida.

Digamos que quieres estudiar derecho. Tienes que ir a la facultad de derecho, pero antes tienes que tener una licenciatura. Detallemos los pasos en sus componentes más pequeños.

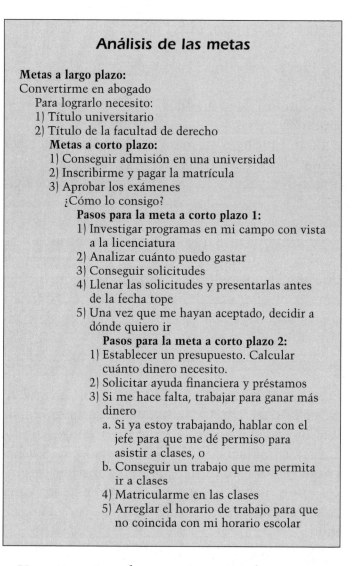

Análisis de las metas

Metas a largo plazo:
Convertirme en abogado
Para lograrlo necesito:
1) Título universitario
2) Título de la facultad de derecho
    Metas a corto plazo:
    1) Conseguir admisión en una universidad
    2) Inscribirme y pagar la matrícula
    3) Aprobar los exámenes
       ¿Cómo lo consigo?
       Pasos para la meta a corto plazo 1:
       1) Investigar programas en mi campo con vista a la licenciatura
       2) Analizar cuánto puedo gastar
       3) Conseguir solicitudes
       4) Llenar las solicitudes y presentarlas antes de la fecha tope
       5) Una vez que me hayan aceptado, decidir a dónde quiero ir
       Pasos para la meta a corto plazo 2:
       1) Establecer un presupuesto. Calcular cuánto dinero necesito.
       2) Solicitar ayuda financiera y préstamos
       3) Si me hace falta, trabajar para ganar más dinero
         a. Si ya estoy trabajando, hablar con el jefe para que me dé permiso para asistir a clases, o
         b. Conseguir un trabajo que me permita ir a clases
       4) Matricularme en las clases
       5) Arreglar el horario de trabajo para que no coincida con mi horario escolar

Y, así, repites lo anterior para las metas a corto plazo que siguen hasta que logres tu meta a largo plazo.

Sistema de plazos

Otro factor importante es recordar cuánto tardarás en cumplir cada paso, y cuánto tiempo te asignarás para alcanzar tu meta. Necesitas establecer un sistema de plazos. A todas esas pequeñas metas tenemos también que asignar un sistema de plazos. Creo que es importante decir: "Por seis meses voy a hacer esto. En ocho meses voy a hacer aquello". Si no incluyes el factor tiempo, no sabes cuánto vas a ahorrar todos los meses. Si te vas de viaje, tienes que saber más o menos cuándo vas a llegar. Así sabes cuánto tiempo vas a estar viajando, cuántos días vas a estar en camino. Una vez establecido eso, puedes calcular cuántas noches tendrás que dormir en moteles y cuánto dinero necesitarás. Tienes que decir: "Salimos a las diez de la mañana. Tardaremos cinco horas en automóvil para llegar a nuestro destino. Si no hay muchos contratiempos, debemos llegar a las tres de la tarde". Si paras cada dos millas para hacer fotos, para comer, para descansar o lo que sea, tardarás mucho más. Si tu viaje es sólo por el fin de semana, no llegarás.

> **Fijar un sistema de plazos nos ayuda a planificar y a mantenernos dentro del plan.**

Por eso necesitas saber el sistema de plazos. Si tienes que estar de vuelta al trabajo el lunes por la mañana, tienes que saber que no puedes parar cada dos millas para esto o aquello. Los sistemas de plazos para tus metas en la vida tienen el mismo propósito. Si quieres abrir un negocio propio, tienes que establecer cuánto tiempo necesitarás. Si tu familia depende de ti para comprar comida y pagar el alquiler, tienes que saber cuánto tiempo tardará el negocio en darte el dinero suficiente para vivir.

Eso no sólo te ayuda a planificar cuánto dinero debes haber ahorrado para mantener a tu familia mientras esperas a que tu negocio te dé ganancias. Si todo parece indicar que pasará más tiempo antes de que eso suceda, ahí tienes una señal de que algo ha salido mal. Tu negocio está

Sistema de plazos simple

Meta	Programa
Matricular en la universidad	
1) Conseguir solicitudes	Cuatro semanas
2) Llenar solicitudes y entregarlas	Una semana
3) Obtener respuestas	Tres meses
4) Elegir una universidad	Una semana
5) Solicitar ayuda financiera	Una semana
6) Recibir la ayuda	Cuatro semanas
7) Matricular en cursos	Una semana
	Total: Seis meses

fracasando. Quizás puedas arreglarlo, pero si no, entonces debes saber cuándo cerrarlo para no seguir perdiendo dinero.

Sin un sistema de plazos, podrías seguir intentándolo con el negocio hasta que te quedes en bancarrota.

Al establecer sistemas de plazos, sabemos para cuánto tiempo planificar y podemos ver si vamos según lo programado. Sea cual sea tu meta, establece un sistema de plazos.

Hay que ser fiel al plan, pero con flexibilidad

Vas a tener pequeñas señales de si vas por el camino correcto o no, en el camino a esa meta a largo plazo, y eso es muy importante. También es muy probable que experimentes contratiempos y retrasos. Si estás en un viaje por carretera, puedes cambiar tu destino o sobre cuánto tiempo te quedarás en un sitio determinado. Puede que el camino esté cerrado y te veas frente a dos opciones: buscar otra vía o escoger otro destino.

Por ejemplo, en medicina, cuando averiguas los requisitos para esa carrera, encontrarás uno que es muy importante: que tienes que ser aceptado en la facultad de medicina. ¿Qué pasaría si, después de haberte concentrado en esa meta desde la escuela secundaria, de haber estudiado cuatro años, cuando la mayoría de tus cursos han estado relacionados con la medicina, te dijeran, desgraciadamente, que no te aceptan? Tienes que regresar al principio y ver qué opciones tienes.

Me acuerdo con gran cariño y tristeza de uno de los mejores estudiantes conmigo en la universidad. Era un muchacho hispano que toda su vida había soñado con ser doctor. Y quiero aclarar que muchos de los amigos que fueron aceptados en la facultad de medicina posiblemente tenían menos tesón, menos habilidades, que este muchacho. Sin embargo, a él fue a quien negaron la entrada.

El primer golpe fue durísimo para él y cayó en un estado de depresión muy fuerte. Sin embargo, examinó las opciones sobre su educación y la medicina, y determinó que iba a dedicarse a las clínicas de sangre. Se hizo especialista y abrió su propia clínica. Tuvo un éxito increíble y fue bien reconocido por la comunidad.

Tenemos que estar listos para las paradas. Y tenemos que ser flexibles. Algunas veces un contratiempo nos puede retrasar un poco. Otras veces tenemos que buscar otro camino o un destino diferente.

Paso 2: Prepara un mapa de vida.

CAPÍTULO 3

PASO 3:
ADMINISTRA
TU DINERO

Vamos a poner los pies en la tierra. Vamos a reconocer que por muy elevados que queremos tener nuestros pensamientos, de tener la paz espiritual, la realidad es que tenemos que comer. La realidad es que si queremos tener una meta, por lo general las metas no solamente cuestan sudor y sacrificio, sino también, muchas veces, dinero.

Casi siempre es posible encontrar dinero escondido entre lo que ya entra o sale de la casa.

En realidad, ¿para qué lo necesitas?

Yo creo que el dinero es uno de los temas más controversiales e importantes en todo tipo de relaciones. Si teníamos poco, queremos dar más a nuestros hijos. Está relacionado con nuestros padres. Si un padre muere sin dejar testamento, ¡cuánto dolor puede causar!

El dinero tiene que ver con nuestros conflictos con nuestros hijos, padres, cónyuges, parejas, etc. El dinero causa peleas cuando estamos casados, y peleas cuando nos divorciamos. Y como este libro es sobre la felicidad en la vida, y el dinero toma una importancia tan grande, este capítulo es mucho más importante que saber cómo llevar el presupuesto. A veces el dinero en la pareja se utiliza para controlar la relación y nuestras emociones. Puede tener un impacto sobre nuestras emociones básicas como el amor, la envidia y la compasión. Muchas veces los problemas económicos solamente están ocultando los conflictos del pasado.

Nos tenemos que preguntar de verdad: ¿Por qué necesitamos el dinero, cuánto dinero necesitamos y cuánto queremos? Muchas veces no tiene nada que ver con lo que vamos a pagar, sino con lo que tenemos en el pasado. Si preguntamos dónde radica la felicidad, creo que muchos pensamos que en tener dinero. Sin embargo, si analizamos la situación, muchos que lo tienen van quizás llevados por envidia, por avaricia, por muchas cosas.

Creo que la mayoría nos preocupamos por el dinero en dos aspectos: cómo obtenerlo y cómo guardarlo.

En el pasado el dinero no era tan importante, porque lo que existía era un sistema de trueque: "Yo te doy vacas y tú me das comida". O: "Yo te doy esto, y tú me das lo otro". Había un intercambio donde los objetos eran la unidad monetaria. Pero con el dinero las cosas han cambiado. Entonces, el dinero en nuestra civilización se

convierte así en lo que nos motiva a progresar y
en la raíz de muchos problemas. El dinero en
nuestra era es la fuerza que mueve a la tierra. La
mayoría de las causas de un divorcio, el mayor
tema de división, por lo menos según las
encuestas, es por dinero.

El dinero, en nuestros valores, siempre ha
estado entre dos aguas. Y esos valores son lo que
determinan muchas veces la calidad de vida que
llevamos con nuestros familiares y con nuestra
pareja. A veces ganar dinero se convierte en una
competencia en vez de una colaboración.

¿Cuánto necesitas de verdad?

Como este capítulo tiene que ver con la seguridad económica, también tenemos que definir
por qué y para qué necesitas dinero.

Ese equilibrio económico que uno necesita
para ser feliz se define en las personas de diferentes maneras. Hay quienes dicen: "Quiero ser
millonario a los treinta años".

Eso no tiene nada de malo. Pero a muchos se
les olvida por qué. Entonces quieren más y más.
Yo creo que la abundancia es esa experiencia
que uno siente cuando sabe que está satisfa-
ciendo sus necesidades. Por eso siempre tenemos que estar examinando nuestras metas,
cambiando nuestras metas y preguntándonos:
"¿Para qué necesito un millón de dólares?".

Tenemos siempre que pensar en tener guardado una cantidad que nos pueda llevar sin ganar dinero por unos seis meses. Eso es algo que muchas personas no comprenden. Por eso tenemos la cantidad de personas que están desamparados, personas sin lugar de vivir. ¿Cómo lo logras? Poco a poco. Porque a veces hay gente que me dice: "Bueno, ya yo tengo veinte mil dólares para poner mi negocio". A lo que yo respondo: "Pero, aparte de esos veinte mil dólares, ¿tienes con qué mantenerte por seis meses?".

> **Siempre debes tener guardado suficiente dinero para poder mantenerte por lo menos seis meses.**

Porque ahí es donde vienen los roces, las preocupaciones y las frustraciones. En el capítulo anterior hablamos de la importancia de sentirnos felices cuando estamos dando los pasos para llegar a nuestra meta. Si nos sentimos con dudas, preocupaciones y frustraciones, eso nos va a impedir llegar a nuestra meta, a decir: "No, que va, déjame echar para atrás". Pero cuando podemos decir: "Bueno, por lo menos tengo un dinero en el banco para poder comer, para poder pagar la renta", nos quita muchas de las preocupaciones. Yo creo que eso es importante.

También tenemos que estar bien claros, bien precisos, sobre cuánto necesitamos para lograr nuestra meta. Si queremos ir a la universidad y sacarnos un título, tenemos que sumar todos los costos que van con eso. ¿Cuánto cuestan los cursos? ¿Los libros? ¿El transporte? ¿Hay gastos adicionales?

Si el sueño nuestro es tener un negocio propio, ¿cuánto cuesta abrir ese negocio? ¿Cuánto cuesta la renta, o los pagos mensuales de la propiedad? ¿Necesitamos equipos? ¿Camiones o carros? ¿Cuánto vamos a necesitar para la publicidad del nuevo negocio? ¿Cuánto debemos tener guardado para mantener el negocio si al principio no nos da lo que esperábamos? ¿Por cuántos meses o años?

Todos los negocios son diferentes. Todas las metas también. Pero todas esas preguntas, y más, son las que tenemos que hacernos cuando estamos definiendo nuestra meta. Ahora le estamos dando un precio. Cuando lo sumamos todo, tenemos idea de lo que cuesta llegar.

¿Cuánto tengo de verdad?

Por muy sorprendente que parezca, muy poca gente tiene idea de su situación económica. Pregúntale a cualquiera cuánto dinero tiene, para que veas que lo que hará es mirar su cuenta de banco o revisarse los bolsillos.

La verdad es que eso es sólo parte de nuestra

situación económica. Para calcular cuánto dinero tienes, debes revisar tus cuentas bancarias, tus cuentas de jubilación, acciones que puedas tener y, si vives en casa propia o tienes otra propiedad, qué valor tiene. En términos de bienes raíces, cuando pregunto cuánto vale la casa no quiero decir en cuánto la puedes vender, sino qué valor líquido tiene, o sea, con cuánto dinero te vas a quedar después de venderla y pagarle al banco lo que le debes. También tienes que contar cuánto debes en el carro, las tarjetas de crédito y todos los otros prestamos que faltan para pagar.

Pero hasta eso es sólo parte de tu panorama económico. Muchos no contamos una parte esencial de nuestras finanzas: los ingresos. Creo que también tenemos que proyectar nuestro potencial. Si contamos con un salario—que hemos tenido por los últimos dos o tres años, que parece ser más o menos seguro—creo que se puede pensar que vamos a tener y que podemos contar con tener ese mismo salario en el futuro inmediato.

Entonces, puedes contar con lo que tienes de dos formas: el salario y lo que puedas haber guardado en una caja de zapatos—que yo no recomiendo—o en un banco.

Sumar todos los aspectos anteriores, menos las deudas que faltan para pagar, te da lo que se conoce como patrimonio neto. Y cuando planeamos nuestro futuro, ése es el punto de partida. En ciertos casos puedes descubrir que debes más de lo que tienes. Eso no es conveniente, pero tampoco es algo de qué avergonzarse. Nuestro patrimonio neto no nos hace ni buenos ni malos, simplemente nos da una idea de la posición en que nos encontramos. Si desconocemos nuestra situación, entonces no podemos decidir hasta dónde llegar para conseguir nuestra meta.

Por ejemplo:

Bienes personales	Monto	Responsabilidades personales	Monto
Cuenta corriente y de ahorro	$10.000	Saldo de tarjetas de crédito	$8.000
Plan de jubilación	$30.000	Préstamo del automóvil	$15.000
Casa	$100.000	Préstamos estudiantiles	$20.000
Automóvil y propiedades personales	$15.000	Deuda hipotecaria	$80.000
Total de bienes personales	$155.000	Total de responsabilidades personales	$123.000
		Patrimonio neto personal	$32.000

¿Adónde va a parar el dinero?

Casi todos podemos encontrar dinero extra en nuestras casas ahora mismo. La mayoría desperdiciamos día tras día por lo menos parte del dinero que tanto nos cuesta ganar. Si quieres encontrar dinero adicional, tienes que saber adónde va a parar nuestro dinero. Es preciso determinar qué gastos tenemos.

Empecemos con las necesidades. Es decir, "Yo necesito tanto para vivir".

Es muy importante definir tus necesidades. Y cuando formas una relación de pareja, tienes que estudiar cómo ajustar ese presupuesto que tienes.

Por otra parte, si le estás enviando dinero a tu familia, tienes que consultar con tu pareja y determinar de cuánto dispones para eso. En mi programa de Radio Única recibo diariamente llamadas de personas que no saben qué hacer para que su esposo deje de mandarle tanto dinero a su familia; o que no saben cómo decirles a sus padres que no pueden seguir enviándoles tanto porque perdieron el trabajo, o porque van a tener otro hijo.

> **Primero eres responsable de tus hijos y tu pareja, después vienen tus padres.**

Cuando un hombre o una mujer se casa, su primera responsabilidad es su familia directa. Eso no significa que no tienes que tomar cierta responsabilidad si sabes que tus padres no tienen para comer, que son unos ancianos que no tienen cómo mantenerse. Pero entonces todos tienen que ajustar sus presupuestos. Así fue el caso de una muchacha que me llamó a Radio Única, Lucía.

"Estoy embarazada. Voy para seis meses", dijo ella. "El problema es que yo, antes de quedar embarazada, le mandaba dinero a mi familia. Ahora quiero seguir ayudándoles, pero mi marido dice que no, porque debemos tratar de ahorrar para cuando nazca el bebé. Para hacer bien las cosas".

"¿Cuánto dinero tú le mandas a tu familia?", le pregunté.

"Pues, antes de casarme le mandaba cada quince días de mi cheque como unos doscientos o trescientos dólares", respondió.

El caso de Lucía era que su familia tenía necesidad. Pero, obviamente, ella también. Su marido tenía razón. Por eso le aconsejé: "Vamos a hablar claro. Cuando uno toma la decisión de querer tener hijos, la prioridad recae en ti, en ese niño y en la familia. La familia directa, no tus padres.

"No es justo que si ellos han estado contando con cuatrocientos o seiscientos dólares al mes, que de buenas a primeras dejes de enviarles ese dinero", seguí yo. "Es un golpe muy fuerte. Lo que sí puedes hacer es decirles: 'Miren, tenemos que prepararnos para el bebé. Aquí tenemos muchas necesidades. Les voy a tener que cortar la ayuda dentro de un mes a la mitad'".

Ella puede seguir ayudando a sus padres dentro de la nueva realidad de su presupuesto. Y así es como todos debemos afrontar esa situación. Hay que ser realista. Y tienes que incluir eso en los gastos mensuales que tienes. También tienes que mirar cuánto gastas en todo lo demás. Vamos a apuntarlo todo en un papel. Hay que contar la renta. ¿Cuánto es? Lo próximo me imagino que debe ser la electricidad y los gastos de los otros servicios públicos, como el gas y el agua, si los tienes que pagar tú. Esos son gastos que se pueden controlar. ¿Cómo? Tomando la determinación de no dejar luces encendidas innecesariamente, de no dejar la televisión encendida. Son unos gastos mínimos, pero de todas formas son gastos mínimos que te pueden ayudar en la vida en general.

En cuanto a la comida, para poder decir "Vamos a gastar sólo tanto en comida", creo que tanto el hombre como la mujer deben ir a hacer las compras. Por lo menos por un mes. Así, los dos pueden decidir en conjunto lo que necesitan y lo que no.

Muchas veces hay peleas entre hombre y mujer en pareja porque el hombre dice: "¿En qué estás botando el dinero?".

Les recomiendo a todos aquellos hombres que no hacen las compras con la esposa que vayan con ellas por lo menos una vez cada seis meses. Se van a dar cuenta de cómo los precios cambian. Van a ver que no es que se está botando el dinero, sino que los precios aumentan constantemente y los salarios no cambian.

Miremos las cosas que compramos, y cuanto gastamos. Efectivamente, cuando uno tiene un sueño, hay que fijarse bien en lo que se cocina para que no haya desperdicio. Si sobra comida, se debe congelar para consumir después. También debemos pensar que si cocinamos saludablemente con vegetales, frutas, menos grasas, nuestros hijos van a ser más saludables y eso nos va a ayudar a gastar menos en médicos y medicinas. Por lo general, también se reconoce que las comidas que uno prepara en la casa, como pasta, arroz y los vegetales, son más saludables y cuestan menos que las que ya están preparadas y que se venden "listas para comer".

Entonces, veamos los puntos que tenemos que apuntar en ese papel nuestro. Estos son ejemplos, nada más. Cada cual debe añadirle los gastos específicos que tiene en su hogar.

Gastos principales

Gastos de la casa:	Mensuales	Anuales
Alquiler o hipoteca	_____	_____
Electricidad, etc.	_____	_____
Teléfono	_____	_____

Mercado	_____	_____
Ropa	_____	_____
Transporte	_____	_____
Seguros	_____	_____
Medicina	_____	_____
Diversión: Restaurantes, cine, etc.	_____	_____
Préstamos y deudas: Tarjetas de crédito, etc.	_____	_____
Total:	_____	_____

Son bastantes, ¿no? Pero así es la vida de hoy. Y ahí no termina la cosa. Todos tenemos circunstancias individuales que requieren presupuestos diferentes. Si vas a la escuela o tienes niños en edad escolar, tienes que agregar el costo de la matrícula, los libros, los cuadernos y los bolígrafos. ¿Vas al gimnasio o al salón de belleza? ¿Cuánto gastas en maquillaje? Y como ya mencionamos anteriormente, si mandas dinero a tu familia, lo tienes que contar también.

Si no te fijas en todos tus gastos, siempre te vas a estar preguntando: ¿Por dónde desaparece el dinero? ¿Por qué no podemos ahorrar un poco? Y te va a resultar muy difícil ahorrar dinero para tus metas.

Es difícil. Y seguro que si te sientas a hacerlo se te va a olvidar algo. Por eso es que, para determinar exactamente cuánto gastas en total, lo mejor es contar cada centavo. ¿Cómo? Con un cuaderno de gastos.

Cuaderno de gastos

Les aconsejo que, por lo menos durante un mes, guarden todos los recibos de la gasolina, el autobús, los pagos de la electricidad, el cine y todo. Pero además, la doctora Isabel les recomienda que por un mes, lleven a todas partes un pequeño diario que les sirva para anotar todo lo que compran: un café, un pastelito, un refresco, etc. Si pagas un peaje o echas una moneda en un parquímetro, anótalo.

Así puedes ver cada centavo que gastas, y en qué. Si fuiste al cine, lo anotas. Si te compraste un vestido o un pintalabios, lo anotas. Todo. Si pagas la factura de la luz el jueves y el alquiler el viernes, anotas cada gasto en el día correspondiente.

En primer lugar, haz anotaciones diarias, como éstas:

Diario de gastos

Lunes:

Autobús $1.25

Pastelito   .75

Refrescos (3)	1.50
Almuerzo	6.75
Café, con propina (3)	1.75
Lotería	5.00
Electricidad	$88.00

Y así. Anótalo todo. Seguro que todos los días van a ser algo diferentes. Un día compras tinte para el pelo, otro compras pañales. Al terminar la semana, súmalo todo. Haz otra lista para el total de la semana, como la siguiente:

Gastos semanales:

Mercado y alimentos	$55.00
Ropa	$22.00
Transporte Gasolina, estacionamiento, peajes	$31.50
Teléfono	$63.52

Diversión:

Alquiler de vídeos	$4.25
Cine	$21.00

Entonces, al fin de mes, lo sumas todo, y vas a ver de verdad en qué se te va el dinero. Al fin de mes, después de examinar la lista, vas a

poder decir: "¿Sabes que se me fueron veinticinco dólares en comprarme todos los días un
pastelito en la cafetería?".

Y como ya has visto en qué gastas el dinero,
puedes decidir si quieres seguir gastándolo así o
no. Ahora puedes hacer un presupuesto para
decidir cómo y en qué quieres gastar tu dinero.

Prepara un presupuesto

Cuando estamos haciendo un presupuesto, tenemos que tomar en cuenta no solamente lo que
tenemos, sino también lo que debemos. Eso te
ayuda a evitar gastos excesivos.

Tenemos que considerar si salimos a comer,
cuánto gastamos en electricidad, todas las otras
cosas, y dejar un porcentaje para las cosas inesperadas, como las emergencias de salud, o para
cuando se nos rompe el carro.

Pero ahora que sabemos en qué se nos va el
dinero, podemos ajustar el presupuesto. Si
dejamos de ir al cine una vez al mes, ese dinero
nos sobra. O si dejamos de comer ese pastelito a
diario, nos ahorramos otros veinte dólares al
mes . . . ¡y bajamos de peso!

Y esos pesitos van aumentando. Deja el
pastelito diario y alquila un vídeo en vez de ir al
cine, y ahorrarás unos cuatrocientos dólares al
año. ¿Qué te puedes comprar con cuatrocientos
dólares?

Cuando tenemos un presupuesto apretado, siempre tenemos que ser conscientes de lo que vamos a lograr. Tenemos que decirnos continuamente: "Ya estamos guardando tanto, creo que pronto podremos comprar una casa". Si ésa es tu meta, empieza a averiguar los precios de las casas y decide cuánto realmente necesitas para comprarla.

La diversión es necesaria

Para poder tener éxito en cualquiera que sea nuestra meta, tenemos que divertirnos a lo largo del camino, ya sea individualmente o con la pareja.

Por eso tenemos que plantearnos: "Vamos a hacer el compromiso de que cada dos meses vamos a hacer algo bien divertido". Por supuesto, se puede hacer algo divertido sin tener que gastar dinero.

Por ejemplo, se puede decidir que una vez al mes "vamos a ir a la playa tú y yo juntos y vamos a caminar". Podemos sentarnos a comer chucherías juntos en un parque y hablar de nuestro sueño.

También debes incluir en tu presupuesto la posibilidad de hacerte ciertos regalitos. Podemos salir a comer, aunque sea sólo una hamburguesa. A las mujeres les encanta ir a la peluquería a arreglarse o a pintarse el pelo. Una vez al mes siempre es bueno darnos un gustito. De esa manera, te estás recompensando por tus sacrificios. Si no haces más que trabajar, terminarás exhausto y podrías perder la pasión para alcanzar tu meta.

Y hay suficientes recompensas que nos podemos dar, como un vestido o ir a lo mejor a una venta especial. Pero tienes que tener una disciplina muy grande. Para tener esa disciplina, a veces no se puede ir a comprar solo sino con alguien a quien tú le tengas que decir: "No me dejes comprar nada más que esto. Éste es el dinero que tengo, éste es el dinero que puedo gastar".

> **Haz sitio en tu presupuesto para la diversión.**

Si tienes pareja, debes preguntarte qué gustos se podría dar esa persona para mantener encendida la pasión con que busca la meta.

Yo sabía que mi pasión era construir, porque me gusta tener una casa linda. A mi esposo también le gustaba construir, pero yo sabia que a él había que darle un estímulo. Y ese estímulo eran los gallos. Además de criarlos, los vendía y obtenía una ganancia. Necesitaba sacar un poco de provecho de todo nuestro esfuerzo. Para él no era suficiente ver cómo aumentaba nuestra cuenta de ahorros o cómo embellecíamos nuestra casa. Creo que todos tenemos que mirar a ver cuál es nuestro estímulo, y cuál es la de nuestra pareja, y darnos ese gusto de vez en cuando. Y también tenemos que tomar en cuenta ese estímulo al hacer nuestro presupuesto.

Tarjetas de crédito

Creo que con las tarjetas de crédito hay que ser muy disciplinado para poder decir: "Al final de este mes pago la cuenta". De lo contrario, las tarjetas de crédito te pueden comer vivo. Los intereses aumentan rapidísimo. Pueden ascender de momento a dieciocho o a veintiún por ciento. Te las ofrecen más baratas, pero es sólo para seducirte.

Ahora, también es importante reconocer que tener una tarjeta de crédito te abre una línea de crédito y en este país, si no tienes línea de crédito, no eres nadie. Las personas que no tienen tarjetas de crédito o no deben nada, por lo general no tienen crédito. Se les hace difícil comprar un carro o una casa. Por eso es bueno abrir una línea de crédito, por ejemplo, en Sears o Walmart. Es conveniente porque así estableces una línea de crédito.

Sin embargo, eso quiere decir que debes usar el crédito con mucha disciplina. Lo que compres, lo pagas al final de mes, y debe formar parte de tu presupuesto.

Ahorros

¿Quieres irte de vacaciones? ¿Quieres abrir un negocio? Para ese propósito tienes que guardar una cierta cantidad de dinero. Y si parte de la meta es guardar dinero, no lo gastes. Todos tenemos que reconocer nuestras inclinaciones. Si, es cierto que tenemos una meta. Y hemos llegado a un acuerdo sobre esa meta con la pareja.

Aunque casi siempre es mejor pagar lo que compras en efectivo, para ciertas cosas vas a necesitar un préstamo.

Hay préstamos que se piden a familiares y eso puede causar resentimientos y problemas. Yo lo he hecho. Lo mejor es dejar bien claro, en papel y firmado, todo lo que esperan a cambio. No vale decir: "Préstame dos mil dólares, que te los pago en un año".

Otras veces es mejor ir a una institución seria, como un banco. Y cuando surge una emergencia, una de verdad, se utiliza dinero prestado de una tarjeta de crédito.

Un ejemplo es el caso de Melania, una nicaragüense que vivía en los Estados Unidos con su hija. La niña era estudiosa, persistente y trabajadora. Le dieron cuatro becas. Se las merecía todas. Pero como eran indocumentadas, no podía recibir esas becas hasta que no arreglara su situación legal en este país.

La madre no sabía qué hacer. Decía: "Si no

estudia ahora, va a perder el año". Como no tenía otro remedio, la madre desesperadamente utilizó una tarjeta de crédito para pedir diez mil dólares. Fue duro para ella. Pero la hija, que está a punto de graduarse, le dijo: "Yo te voy a pagar este gasto". La joven, que trabaja y estudia, ha ido pagando poco a poco esa tarjeta que la madre usó. Es más, en enero la niña pudo recibir su beca.

¿Qué te quiero decir con eso? Que hay un lugar para las tarjetas de crédito, siempre y cuando exista una disciplina y el conocimiento de para qué se está usando.

Sé fiel a tu plan de ahorros

¿Cómo sabes lo que tienes que empezar a guardar para esa meta, para ese sueño que tienes? Como ya te enseñamos en estas páginas, hay que tener un presupuesto.

Tienes que sentarte a ver con qué presupuesto cuentas. Cuánto te sobra. También, como ya te expliqué, verás cómo encontrar más.

Si estás gastando cincuenta dólares todos los meses en llamadas de larga distancia porque quieres hablar con mamá, corta esas llamadas a la mitad y gasta sólo veinticinco dólares. En vez de llamarla todas las semanas, habla con ella dos veces al mes. Seguro que la hará más feliz saber que te vas a comprar una casa, que escuchar todas las semanas que no puedes comprarla.

> **Puedes ahorrar mucho, pero poco a poco.**

Yo puedo poner un ejemplo personal. Cuando yo me casé, mi esposo y yo no teníamos nada. Era tanto para esto, tanto para lo otro y tanto para lo demás. Aunque ambos trabajábamos, no lográbamos salir adelante. Mi sueño era tener propiedades, pero él era más conservador. Yo afirmaba que sí podíamos, y mi fe era gigantesca.

Recuerdo que cuando estaba embarazada de mi segundo hijo y vi la oportunidad de comprar un dúplex que estaban construyendo.

En aquella época dos mil dólares eran bastante, y sólo teníamos mil. Y la niña ya estaba en camino. Yo sabía que no iba a dejar de trabajar, pero mi esposo me dijo: "Estás loca. Ya sabes que no podemos". Así y todo, fui a hablar con el contratista. Lo visitaba todos los días con mi barriga y le hacía comentarios como: "Esto me conviene porque mi suegra vive a ocho cuadras y la niña, cuando nazca, puede estar cerca de su abuela".

Así, poco a poco, como se dice en cubano, le comí el cerebro al hombre. Lo convencí. Él vio en mi una determinicación, una persistencia. Entonces hablé con un tío mío y le dije: "Necesito que me prestes tanto dinero, y te lo pago en un año". ¿Cómo pude hacer eso? Porque me senté con mi esposo y le dije: "Vamos a ver que lo que debemos, cuánto tenemos que pagar de renta, cuánto pagamos de electricidad, y por dónde podemos recortar los gastos".

Y había lugar donde recortar gastos. Como nos gustaba comer fuera una vez a la semana decidimos: "Si dejamos de comer fuera, ¿cuánto ahorraremos en un año? Si en vez de irnos de vacaciones en el auto nos quedamos en casa, ¿cuanto nos ahorramos en gasolina?".

Uno se puede sacrificar por un año. Por diez años ya es más difícil.

Teníamos un niño y, como pueden imaginar, un pediatra costaba bastante. Por eso tomé la decisión de que cuando llegara el momento de ponerle las vacunas, lo iba a llevar a una clínica del gobierno para que lo vacunaran.

Ése era el precio de tener un dúplex acabado de hacer. Ése era el precio de comenzar una plataforma para aumentar la afluencia, para después poder invertir y ganar más.

Mi esposo, cada vez que se presentaba la oportunidad de trabajar más horas, lo hacía. Yo comencé a vender productos de belleza. Todo eso hicimos para poder suplementar nuestros ingresos y pagarle a mi tío. Y, efectivamente, al año le pagué a mi tío, y le pagué al contratista.

En dos años vendimos la propiedad. Habíamos invertido dos mil dólares y sacamos trece mil de ganancia, que en aquella epoca era dinero. Con ese dinero compramos un terreno de un acre, en la que fabricamos nuestra casa. Hay que ser realista. No puedes decir: "Bueno, como necesitamos diez mil dólares, vamos a dejar de comer". Lo que hay que hacer es modificar lo que hay, los gastos que ya tenemos, y saber cuáles podemos eliminar.

Sé realista con tu tiempo

Tenemos que ser realistas a la hora de determinar cuánto podemos ahorrar. Y también tenemos que ser igual de realistas al determinar cuánto tardaremos. Tenemos que regresar a nuestro sistema de plazos.

El presupuesto nuestro es el termómetro de la realidad. Mirando a nuestro presupuesto, podemos darnos cuenta de que, si tenemos que ahorrar veinte mil dólares, no lo podemos conseguir en un año con los gastos que tenemos.

Si hay gastos que tú puedes eliminar, entonces ya tú sabes lo que tú puedes ahorrar.

Tú tienes que basar lo que puedes ahorrar en dos aspectos: en primer lugar, en la suma de lo que estás eliminando de tu presupuesto; en segundo, en aquellos trabajos adicionales que puedes hacer, o ese dinero adicional que puedes ganar.

Es ahí donde tú y tu pareja pueden dar rienda suelta a la creatividad. Por ejemplo, he visto personas que han comenzado a hacer pasteles o a hacer tamales en su casa, y los venden para fiestas, y eso es un dinero extra. Hay aquéllas que deciden cuidar niños por las noches para ganar un dinero adicional. Ahora, es preciso tomar la determinación para que eso sea de verdad dinero extra y que no la vayan a gastar. Es para ponerlo en esa meta, o quizás la mitad para la meta y la mitad para el placer. Pero así, poco a poco, vas llegando. Se puede llegar a la cima de la montaña paso a paso, si uno no se desespera. Y el tiempo es el tema de nuestro siguiente capítulo.

Paso 3: Administra tu dinero.

CAPÍTULO 4

PASO 4:
ADMINISTRA
TU TIEMPO

El factor tiempo es posiblemente lo único que todos los seres humanos se nos da por igual. Todos tenemos veinticuatro horas en el día. Unas veces una persona tiene más suerte que otra. El dinero quizás lo hayas heredado, o a lo mejor lo ganaste. Sin embargo, el dinero no es igual para todo el mundo. El tiempo sí. Es el mismo para todos. Tal vez no nacimos en cuna de oro, pero el tiempo, para los más humildes y para los más ricos del mundo, es el mismo. A los dos nos dieron veinticuatro horas en cada día. Lo que hacemos en esas veinticuatro horas es lo que determina muchas veces el éxito o el fracaso de nuestras metas.

Lo que hacemos con esas veinticuatro horas es nuestra decisión. ¿En qué estás empleando tu tiempo? ¿Lo estás botando? Muchas personas duermen doce horas al día. No es necesario dormir tanto. Tampoco necesitas pasar tres horas endrogándote o alcoholizándote, o sentarte a ver televisión seis horas. O estar sentando en el Internet chateando, arruinando tu matrimonio, sin prestar atención a tus hijos, a lo largo de cuatro, cinco o seis horas. Estás botando tu tiempo. Estás apartándote no sólo de tu familia sino de ti mismo. Te estás robando tu propio tiempo, ese tiempo que necesitas para seguir adelante. De nada vale esa excusa de que "trabajo todo el día y me siento agotado". Si trabajas ocho horas, tienes por lo menos dos horas para comenzar a hacer una investigación sobre tu propia meta.

Yo creo que para poder alcanzar la felicidad tiene que haber un balance en la vida. Tenemos que reservar tiempo para ocuparnos de nuestra vida física, de nuestra vida emocional, de nuestra vida intelectual y de nuestra vida espiritual.

Si nuestra vida emocional está determinada por la cantidad de dinero que ganamos, es posible que nos olvidemos de cosas mucho más importantes, como nuestras familias y nuestras relaciones.

Haz una lista de actividades

Hay que dar tanta importancia al tiempo como al dinero. Sí. Porque sin tiempo es imposible ganar dinero. Por eso, lo mismo que hicimos con el dinero, creo que es importante analizar el empleo adecuado del tiempo. Así verás si la forma en que empleas tu tiempo te está dando resultados.

¿Cómo podemos determinar en qué pasamos el tiempo? Tenemos que empezar a llevar un diario de cómo utilizamos el tiempo. Se trata de algo muy importante. Estás leyendo mi libro en este momento. No sigas, para ya, porque creo que la mayoría de los seres humanos compran muchos libros, pero no hacen nada con la información. En verdad quiero que, si estás prestando atención y estás leyendo ahora esta sección del libro en la que vamos a hacer un plan de nuestro tiempo, quiero que en este instante hagas una lista de todo lo que hiciste ayer. Quiero que seas lo más precisa y concisa posible. No se te ocurra poner: "Pasé la mañana trabajando". Quiero que seas específica: anota lo que hiciste de las siete a las ocho, de las ocho a las nueve, de las nueve a las diez y así sucesivamente durante todo el día. Si no sabes qué poner y para rellenar la lista apuntas: "De ocho a doce trabajé", mentalízate y piensa qué hiciste de ocho a doce. ¿Hubo pausas? Quizás te darás cuenta de que hubo algún momento en que no tenías nada que hacer, y en el que podías haber hecho otras cosas.

Después de apuntar todo lo que hiciste ayer, repite la misma operación para el día de hoy, porque todos los días no son iguales. Yo, por mi parte, voy a la iglesia todos los domingos, pero el sábado no. Tal vez laves la ropa los jueves, pero supongo que todos los días no.

Para que seas lo más precisa posible, lleva contigo un cuaderno. Por espacio de una semana, apunta todo lo que haces desde que te levantas hasta que te acuestas, en intervalos de quince minutos.

A continuación, un ejemplo:

Lista de actividades diarias

Hora   Actividad

6:00   Me despierto. Me cepillo los dientes. Hago café.

6:15   Tomo café. Veo el noticiero.

6:30   Me maquillo y me visto.

6:45   Desayuno.

7:00   Termino de desayunar y me voy al trabajo a las
7:10.

7:15   Viajo al trabajo.

7:30   "

7:45   "

8:00   Trabajo. Escucho los mensajes telefónicos.

8:15   Trabajo. Reviso el correo electrónico.

8:30   Trabajo. Llamo al gerente de producción.

8:45   Trabajo. Envío una nota al supervisor.

9:00   Trabajo. Reunión sobre el presupuesto mensual.

9:15   "

9:30   "

9:45   "

10:00 Receso. Tomo café con José.

10:15 Trabajo. Examino solicitudes para una plaza
      vacante.

10:30 "

10:45 "

11:00 "

11:15 Llamada de mamá.

11:30 "

11:45 Me llama María para almorzar.

12:00 Almuerzo—viajo a la cafetería.

12:15 Almuerzo.

12:30 "

12:45 Almuerzo–regreso a la oficina.

1:00 Trabajo. Doy citas a los solicitantes.

Y, así, apuntando todo, hasta que te vayas del trabajo. Después sigues.

5:00 Viajo de regreso a casa.

5:15 "

5:30 "

5:45 "

6:00 Preparo la cena.

6:15 "

6:30 Cena.

6:45 "

7:00 Paseo con mi esposo. Converso con él.

7:15 "

7:30 Regreso a casa. Me ducho.

7:45 Termino de ducharme y me cambio de ropa.

8:00 Veo televisión.

8:15 "

8:30 "

8:45 "

9:00 "

9:15 "

9:30 Me llama Elena para hablarme de su nuevo novio.

9:45 "

10:00 "

10:15 "

10:30 "

10:45 Me preparo para irme a la cama.

11:00 Duermo.

Después de terminar esta lista de actividades, sabrás en qué realmente empleas tu tiempo. Compárala ahora con la lista inicial que hiciste con las actividades de ayer, y te sorprenderás cuando veas cuánta diferencia hay entre lo que creemos que hacemos con el tiempo y la realidad.

Presupuesto de tiempo

Ahora que nos hemos percatado de la realidad de cómo empleamos el tiempo, vamos a hacer un presupuesto del tiempo de que disponemos. El propósito va a ser el mismo que el presupuesto del dinero. Nos hará ver cuánto tiempo de verdad nos sobra cada día, y después podremos decidir qué queremos hacer con ese tiempo. Primero tenemos que determinar las horas fijas.

Cada día empieza igual. Tenemos veinticuatro horas antes de que llegue el siguiente. Entonces en esas veinticuatro horas, ya sabemos que si tenemos que trabajar para ganar el dinero que necesitamos para vivir, por supuesto que tenemos que estar trabajando un cierto número de horas. En los Estados Unidos casi siempre son un mínimo de ocho horas que se les da al trabajo. Muchas veces pueden ser diez o doce, y lo sé bien.

Si tenemos que estudiar, ahí se nos van otras tres o cuatro horas. Y si tenemos una familia, tenemos que poner en ese horario de tiempo cuánto tiempo vamos a dedicar a nuestro esposo y a nuestros hijos. Recordemos que también debemos que dar algo a aquellos que nos ayudan en el camino hacia nuestra meta.

Dentro de las horas fijas de todos los días figuran las que utilizamos para dormir. Tenemos que añadir las otras funciones corpóreas que son importante como comer, ir al baño, y cada uno tiene ese número de minutos que reconoce que necesita. Al examinar tu lista de actividades puedes ver cuánto tiempo te toma cada una de esas funciones.

También puedes ver—y no se te puede olvidar—cuánto tiempo tardaste en ir y regresar del trabajo, o de la escuela. Cuando vayas a hacer las compras, no apuntes solamente el tiempo que pasaste en el mercado sino el de la ida y la vuelta. Lo mismo cuando vayas a la peluquería, a la lavandería y a cualquier otro sitio. Por ahora vamos a apuntar en esa lista de actividades sólo las cosas que tienes que hacer. Es decir, vamos a anotar el trabajo, el viaje de ida y vuelta del trabajo, el tiempo que tardamos en comer, en bañarnos (supongo que, como yo, todos nos bañamos todos los días), etcétera. No pongas el tiempo que dedicas a ver televisión, conversar con tus padres o leer una revista. Sólo las necesidades.

Vas a terminar con una lista parecida a ésta:

Lista de actividades diarias

Tarea	Tiempo requerido (en minutos)	Horario
Alistarme para el trabajo (bañarme, lavarme los dientes, vestirme, maquillarme—todo lo que hago para prepararme en la mañana.)	:45	6:00–6:45
Desayuno	:25	6:45–7:10

Viaje de ida	:40	7:10–7:50
Trabajo (primera mitad del día, incluidos 15 minutos de receso)	4:00	8:00–12:00
Almuerzo	:30	12:00–12:30
Trabajo (segunda mitad del día, incluidos 15 minutos de receso)	4:30	12:30–5:00
Viaje de vuelta	:55	5:00–5:55
Preparar la cena	:40	6:00–6:40
Cena	:25	6:40–7:05
Hablar con mis hijos	:25	7:05–7:30
Hablar con mi esposo	:25	7:30–7:55
Dormir	7:00	11:00–6:00

Desde esta perspectiva, es fácil ver que como mínimo tenemos un espacio de tiempo libre desde las ocho hasta las once de la noche. ¿En qué vamos a emplear ese tiempo?

Eso es lo que te toca decidir. Ése es el tiempo para lograr las metas. Si quieres estudiar, tienes tiempo. Si quieres hacer ejercicio, puedes. Si quieres analizar cómo administrar un restaurante, puedes. Si quieres pintar, practicar el piano o escribir, puedes.

Lo que sucede es que muy pocos aprovechan el tiempo de que disponen. Lo malgastan, y entonces desperdician más mientras se quejan del poco tiempo libre que tienen.

Tiempo malgastado

En mi segundo libro, *Los 7 pasos para el éxito en el amor*, hablamos de cómo le robábamos a nuestra pareja, de distintas formas, y no necesariamente el dinero. Yo creo que es importante darnos cuenta de que hay veces que nos robamos tiempo a nosotros mismos. Vamos aplazándolo todo. Nos retrasamos para no hacer lo que no nos interesa. A veces, en el camino hacia nuestras metas, somos nuestros peores enemigos. Es decir, que en ocasiones evitamos hacer algo. Por ejemplo, yo reconozco que una de las tareas que más detesto es tener que ocuparme de mis finanzas, tener que lidiar con todo lo necesario para poner en orden mis finanzas.

Yo me ocupo de pagar las cuentas, pero eso de ordenarlo todo después, de archivar todos los papeles, me parece tedioso. Aprovecho cualquier excusa, como una película interesante en televisión, o si me llama una amiga. Hasta me pongo a hacer cosas que probablemente no sean necesarias.

> **El tiempo que malgastamos es tiempo que nos robamos, es tiempo que no aprovechamos para alcanzar nuestras metas.**

Si no tengo deseos de escribir algo—porque siempre el comienzo es lo más difícil—,me pongo a arreglar la oficina y a guardar cosas. Las preguntas que me hago me han ayudado muchísimo en ese aspecto. Ya reconozco mi debilidad. Te recomiendo que hagas lo mismo. Lo primero es reconocer tu problema. Lo segundo, preguntarte: "¿Por qué estoy haciendo esto ahora cuando sé que debería pagar aquello?".

Puede que te encuentres en ese grupo de individuos ejemplares que no evitan lo que se debe hacer, independientemente de lo mucho que lo detesten. Te envidio. Sin embargo, todos malgastamos tiempo en algo. Quizás sea el teléfono, el Internet o las telenovelas. Puede que sea un pasatiempo que no queremos dejar a un lado. Y algunas veces el problema no es simplemente que desperdiciamos el tiempo, sino que perjudicamos nuestra relación.

Así fue el caso de Cecilia, una muchacha que me escribió una carta que leí en mi programa de Radio Única.

"Doctora", escribió ella, "tengo un problema personal y no sé qué hacer. Yo soy muy buena persona con todos, menos con mi marido. Y es buen padre y marido. El problema es que a mí me desespera su modo de ser. No quiero que se dedique a su deporte del fútbol, que es cinco días por semana. Y por eso tenemos muchos problemas hasta el punto de que no quiero ni dormir con él, ni que me toque. Él no va a dejar de jugar. Ya hemos discutido bastante y no quiere cambiar. ¿Qué puedo hacer?". Practicar un deporte cinco días a la semana en vez de estar con la familia es excesivo. "Yo creo que cuando uno se casa, si lo que él está haciendo es como hobby, debe haber un balance", le respondí. "Si tú me dijeras que está jugando fútbol por una hora, que así es como se quita el estrés, pues lo entiendo. Pero el resto, creo que es excesivo. Creo que ustedes deben hacer un balance. Yo no le estoy pidiendo, ni creo que le debes pedir que deje de jugar. Yo creo que es cuestión de balancear el numero de días que él juega fútbol y el número de días que se dedica a ti y a su familia".

El tiempo que perdemos durmiendo

Tenemos que ser honestos con nosotros mismos. Si decimos que vamos a empezar dos trabajos y que vamos a ir a la escuela los fines de semana, y lo que de verdad nos gusta más que nada es dormir veinte horas diarias, nos estamos engañando. No lo vamos a lograr.

En otras palabras, nuestras metas van a implicar un sacrificio de nuestra parte. Y tenemos que identificar cuáles son. Como expliqué en el segundo capítulo, tenemos que ver los obstáculos. Si eres una persona que duerme veinte horas diarias, ése es un obstáculo. Y yo, personalmente, pienso que estás durmiendo más de la cuenta.

Creo que hay que reconocer que hay ciertos seres humanos que necesitan dormir más que otros, pero nunca más de ocho horas. Más de eso, yo creo que estamos roncando nuestro potencial y el potencial de nuestra vida.

> **Los sueños no se logran soñando. Se logran actuando.**

Los que necesitan más horas de sueño deben investigar las causas. ¿Tendrán anemia? ¿Tendrán algún problema físico que un médico debería diagnosticar? ¿Padecerán de depresión y por eso quieren quedarse en la cama? ¿Temerán salir de la cama y afrontar el día? Debemos prestar atención a estas emociones.

Pero si en verdad tenemos en mente una meta, quizás deberíamos empezar a reducir un poco el número de horas que dormimos. Sé que dormir es muy saludable, pero hay que reconocer que más de ocho horas es excesivo. Ésa es mi opinión. Yo duermo cinco o seis horas diarias, y aunque no creo que todo el mundo pueda hacerlo, sé positivamente que me bastan para funcionar perfectamente y tengo muchísima más energía que mucha gente que duerme doce horas. Con los años me he dado cuenta de que esas personas que duermen mucho, por lo general no son muy productivas. Como que se le queda el reloj trabado.

Por otra parte, como veremos en el próximo capítulo, que es sobre el ejercicio, esas personas que se levantan media hora antes para caminar o hacer ejercicios se sienten mucho mejor.

Tenemos que ver en qué empleamos nuestro tiempo. No digo que uno no debe tener tiempo para relajarse, pues todos necesitamos un momento de relajamiento, como parar a tomar un café o hablar con un amigo de nuestros problemas. Y ésa es la pausa que te hace falta para ponerte a punto, para afilar las cuchillas.

Afilando las cuchillas

Hay una anécdota sobre dos leñadores que viene muy bien con esto. Los dos trabajaban, por supuesto, de sol a sol, pero uno de ellos tomaba sus descansos. Y al final del día, cuando contaban cuántos troncos habían cortado, descubrieron que el que tomaba un respiro de vez en cuando había cortado más que el otro que trabajaba sin cesar.

Entonces, el que no había parado ni una vez le preguntó al otro: "¿Cómo puede ser posible que hayas cortado más madera que yo con todos los descansos que tomaste?".

Y el otro le contestó: "Cuando veías que yo paraba de cortar, lo que estaba haciendo era afilar las cuchillas".

Por supuesto, con las cuchillas más afiladas podía cortar más troncos.

La moraleja de esta anécdota es que tenemos que hacer pausas para recuperarnos, para afilar nuestras cuchillas. Y muchas veces afilar las cuchillas no requiere mucho tiempo.

Mi recomendación—que ya exploraremos más a fondo en otro capítulo—es reservar una hora antes de que se levante tu pareja, antes de que se despierten tus hijos, para afilar las cuchillas.

Aparta tiempo para afilar las cuchillas.

Todo el mundo no afila las cuchillas de la misma manera. Yo la afilo durante mi meditación. Muchas veces medito en mi cama, para que aquellos que me rodean ni se imaginen que me he levantado. Ahí lleno mi tanque espiritual. Para eso me doy diez o quince minutos todos los días.

Pero una vez que esos diez minutos pasan me voy a levantar. Voy a hacer lo que tengo que hacer. O sea, tiempo para afilar las cuchillas es bueno. Pero tiempo para demorar lo inevitable no.

Cómo encontrar más tiempo

Es preciso entender que cada día tiene veinticuatro horas, y ni un minuto más. Por eso, la mayoría pensamos que no tenemos tiempo suficiente para hacer todo lo que necesitamos, y mucho menos lo que queremos hacer. Casi todos estamos equivocados. Es cierto que cada día tiene sólo veinticuatro horas, pero algunos sabemos cómo aprovecharlas mejor que otros. Somos conscientes de que hay que aprovechar al máximo cada minuto.

Por lo general se trabajan ocho horas diarias. En este mundo en que vivimos, en las ciudades congestionadas el viaje de ida o de vuelta del trabajo tarda una o dos horas como promedio. Sin embargo, ¿debemos dedicar ese tiempo estrictamente a viajar, o podemos aprovecharlo para otras cosas?

Veamos la forma en que nos desplazamos hacia el trabajo. ¿Es absolutamente indispensable ir en automóvil? ¿No sería más conveniente tomar un tren o un autobús para tener la oportunidad de leer e instruirnos? Así estamos realizando dos funciones a la vez.

Si estamos conduciendo un vehículo, podemos alimentar nuestro sistema espiritual, emocional o intelectual escuchando algo que nos ayude. Podemos escuchar un programa informativo en la radio, o escuchar a un CD de una persona que nos hable, por ejemplo, de mejoramiento personal.

Hay libros en casete y CD hoy en día que son de autoayuda, para que, cuando vayas en camino del trabajo, también estés en camino de tu meta. Si conduces, no te recomiendo ningún CD de meditación porque puedes provocar un accidente. Por supuesto, si estás escuchando todas estas cosas en una radio portátil en un tren, todavía mejor. Verás toda la gasolina que te ahorras. Hay muchas otras oportunidades en el día para hacer cosas extras en los minutos con que contamos. Adonde quiera que vayas, lleva contigo los materiales necesarios para hacer otras tareas. Así, cada vez que tengas cinco minutos disponibles—durante un receso en el trabajo, esperando el autobús o en la sala de espera del médico—, puedes hacer esas cosas.

- Paga una factura, o dos. Echa el sobre en el buzón camino a casa.
- Escribe una carta.
- Llena una solicitud para la universidad o cualquier otro lugar.
- Haz una llamada. Casi todos tenemos un teléfono móvil en estos días. Utiliza el tuyo para pedir una cita o encontrar información relacionada con tu meta. Habla con uno de tus mentores, esa persona de quien hablaremos más en uno de los siguientes capítulos.

- Lee varias páginas de ese libro sobre computadoras, o del que estás leyendo para aprender a empezar tu propio negocio. De esa manera, vas aprendiendo poco a poco. Si llevas el libro contigo, puedes leerlo en el autobús camino al trabajo o la casa, o durante la hora de almuerzo.

También yo les recomiendo a esos que quieren tener una meta que se levanten una hora antes. Es la forma instantánea de contar con una hora extra cada día, que representan siete horas adicionales a la semana, o sea, casi un día entero de trabajo. ¿Qué puedes lograr con un día laboral extra?

Una de las mejores formas de encontrar más tiempo es controlar el tiempo de que disponemos.

Establece las prioridades

Hay que reconocer que el día de hoy es el único con el que puedes contar. La única seguridad que tenemos es en el día en que vivimos, y si ya pasaron seis horas de ese día sólo nos queda, con suerte, el resto.

Entonces es cuestión de determinar la importancia de tu meta y hacer algo que te lleve a esa meta. Si la meta es que "quiero bajar de peso, y lo voy a hacer por medio de ejercicios", ten el equipo preparado para hacerlo. Quiero decir: "¿Tienes la camiseta, los pantalones deportivos y todo lo que necesitas listo y disponible para hacerlo?".

Tiene que ser una prioridad. "¡Hoy tengo que hacer el programa!". Eso es algo fijo.

Para eso se necesita el factor disciplina y eliminar la palabra 'no'. No te preguntes si lo puedes hacer, sino "cómo lo voy a hacer". Hay que ser muy positivo.

> **Tienes que hacer contigo misma citas que no puedes cancelar.**

Determina qué cosas son fijas en tu vida. Si tu tienes que trabajar ocho horas, tú sabes que entre la hora tal y cual tienes que dedicarte a eso. Uno tiene que ser responsable de las obligaciones fijas. Son tu prioridad durante ese tiempo.

Pero después haces otras prioridades. "Voy a salir del trabajo hoy a las cinco de la tarde y voy a llegar a mi casa a la seis. Y a las siete voy a hacer ejercicios. Tengo el compromiso de hablar con mi esposo quince minutos y de hablar con los niños diez minutos, vestirme rápido, e irme".

Tienes que hacer contigo misma citas que no puedes cancelar. Eso es una prioridad. Sin lugar a dudas hay emergencias y accidentes que cambian la situación, pero me refiero a esas cosas que hacemos en días normales.

Me he hecho el compromiso de caminar todas las mañanas. Me levanto y tomo mi café, leo las noticias del día, miro hacia a la naturaleza, que es donde hago una combinación de llenar el tanque intelectual y llenar el tanque emocional, y acto seguido camino veinticinco minutos. Es una prioridad. Esto es algo que he añadido a mi rutina por una razón muy poderosa, porque debemos incorporar aquello que nos preocupa y se convierte en una necesidad. Mi colesterol está un poquito alto. El resto está de lo más bien. Tengo la presión muy bien. Pero el colesterol, aunque he hecho mil cosas con dieta y todo, no está donde debería estar. Por eso camino veinticinco minutos. Tengo que hacerlo.

Y después, hago lo que tengo que hacer en mi trabajo, aunque con las interrupciones normales de la vida: mis nietos, mis hijos, las llamadas de teléfono ... todas esas cosas que implica vivir en este planeta.

Pero antes de empezar mi trabajo diario, ya he tomado el alimento espiritual, físico y emocional para poder enfrentarme al día.

Programar las prioridades

Pregúntate:
- ¿Cuánto tiempo debo dedicar semanalmente a lograr mi meta?
- ¿Trabajo mejor por la mañana o por la noche?

- ¿Qué actividades (en caso de tener alguna) puedo eliminar para tener más tiempo disponible?
- ¿Puedo delegar o cambiar mi responsabilidad sobre ciertas actividades?
- ¿Cuánto tiempo tengo que no sea designado para mis actividades?

Planifica tu semana

No todo se hace en un día. Por eso, yo recomiendo que hagas planes para la semana completa. Vas a ver que eso te va a ayudar a encontrar más tiempo. Si esta semana se supone que vayas al médico y que lleves el auto al mecánico, como el consultorio y el taller quedan cerca uno del otro, verás que te resultará más conveniente hacer ambas cosas el mismo día. Mientras el mecánico examina el auto, el médico te examina a ti.

Si no haces planes por delante y un día vas al médico y otro al mecánico, pierdes tiempo. Por eso debes hacer tus planes con una semana de antelación, aunque con flexibilidad para hacer cambios en caso necesario.

Vas a aprender que a lo mejor lo que quieres planificar para dentro de una semana no guarda comparación con lo que realmente hiciste en esos días que te dije que miraras. Por ejemplo, si miraste al día de ayer y viste que realmente hiciste mucho menos de lo que esperabas —y lo mismo pasa con los planes de hoy y mañana—, ya cuando llegue pasado mañana, te das cuenta de que fue demasiado lo que querías hacer. Tienes que aprender a planificar de manera realista lo que puedes y lo que no puedes hacer.

> **Tienes que ser realista a la hora de planificar lo que puedes lograr en una semana.**

Pon límites y aprende a decir que no

Entre los obstáculos que a veces interrumpen nuestro plan están el teléfono, las visitas inesperadas y las enfermedades. Cosas inesperadas.

Yo creo que cuando uno comienza un plan, definitivamente serio, tienes que hablar con aquellos seres importantes para ti—como siempre hemos dicho—, como tus amistades, tu mamá y tu familia.

A tu madre, por ejemplo, tienes que decirle: "Mira, mamá, sé que no te va a gustar lo que te voy a decir, pero no te puedo llamar dos veces todos los días, pues tengo este plan para poder seguir adelante y por eso te voy a llamar una vez cada tres días. Estoy estudiando, estoy trabajando y tengo que ocuparme de mis hijos".

Le dices que por supuesto, ella te puede llamar si le está pasando algo, y que la vas a llamar por lo menos una vez a la semana. Yo creo que al hacerle saber que tienes una meta, ella te va a querer ayudar.

Eso también se lo puedes comunicar a tu esposo e hijos. Les dices, por ejemplo: "Tengo que estudiar después de llegar del trabajo y cenar. Yo sé que ustedes quieren que mamá tenga éxito. Por eso, yo necesito que no me interrumpan y no hagan demasiado ruido entre las ocho y las once de la noche".

También puedes aprovechar ese momento para aclararles: "Si entra una llamada para mí que no sea nada de urgencia, díganle a quien llama que estoy estudiando y que no puedo atender el teléfono".

Con las amistades uno debe de hacer lo mismo. Un hombre que le ha dicho a su esposa y sus hijos que lo dejen tranquilo debe decirles lo mismo a sus amigos. Si te invitan a tomarte una cerveza después del trabajo, les puedes decir que no puedes, pero sí los llamarás en el fin de semana para salir juntos. Si son amigos de verdad, van a querer que tengas éxito.

Entonces, se trata de aprender a decir que no. No a las interrupciones. No al teléfono. No a todo lo que vaya a interferir con tu meta.

Establecer límites, hacer planes con

antelación y aprovechar al máximo cada minuto te permitirá encontrar el tiempo que necesitas para triunfar.

Paso 4: Administra tu tiempo.

CAPÍTULO 5

PASO 5:
CUIDA TU CUERPO

Cuando hablamos del éxito, tenemos que pensar que el cuerpo, el organismo, además de ser un templo, es nuestra planta de energía. Nuestro cuerpo es una maquinaria perfecta. Pero esa planta de energía tenemos que mantenerla y alimentarla con algo.

Sin salud, el éxito no tiene sentido

Nuestro cuerpo fue creado para el movimiento. Por eso, no solamente es importante la alimentación que le damos, sino también el ejercicio que hacemos para poder distribuir esa alimentación correctamente. Al ponerte en movimiento, tu cuerpo se mueve mejor.

Sin embargo, cuando eres una persona obesa, te cuesta más esfuerzo hacer todo. Eso no quiere decir que no haya personas que llegaron a la cumbre y después se pusieron obesas. La mayoría de las personas que tienen éxito son las personas que se mantienen en movimiento. Si te sientes obesa, eso puede ser una señal de que estás comiendo exageradamente para llenar un vacío existencial, y así evitar el movimiento hacia el progreso, o que no estás haciendo ejercicios para mantener tu salud. O sea que no consideras tu cuerpo como un templo. Se trata de manías que uno adquiere como actos defensivos para evitar el cambio. Si estás obesa, tienes siempre la excusa de que "no me dieron el trabajo porque estoy muy gordo", o "mi esposo me dejó porque estoy muy gorda", en vez de esforzarte por hacerlo todo mejor. No quiero que esto se interprete mal, como que las personas gordas no tienen cabida en nuestra sociedad. Mi intención es advertirles a aquellos que están pasados de peso que su salud está en peligro, y por lo tanto, les resultará más difícil lograr el éxito porque no pueden alcanzar su máximo potencial. He conocido personas pasadas de peso que han tenido éxito en la vida. Pero también han sido personas que se han estancado en alguna faceta de su vida.

Debemos cuidar nuestros cuerpos por diversas razones, pero uno de los más importantes es por el alto nivel de obesidad entre los hispanos, según las investigaciones. No se trata de obesidad sólo entre los adultos, sino también en los niños, que con el tiempo puede ocasionar diabetes y problemas cardiovasculares.

O sea que si estamos saludables vamos a poder ahorrar más dinero, ya que no tenemos que ir al médico inesperadamente porque nos enfermamos, y tampoco tenemos que dejar de trabajar porque nos enfermamos.

Aparte de los ejercicios y nuestros hábitos de alimentación, es muy importante darnos cuenta de lo que usamos en termino de drogas, en termino de alcohol. Es cierto que el alcohol siempre ha jugado un papel muy importante en nuestra sociedad, y si se consume con moderación no constituye un peligro. Lo que sucede es que, en el plano familiar, a veces hay casos de alcoholismo que se deben evitar a toda costa. Hay que tener cuidado. ¡Cuántas carreras no hemos visto que se han destruido por el abuso del alcohol y las drogas!

> **El cuerpo es nuestra planta de energía. Hay que cuidarlo.**

Cuando hablamos de drogas, no solamente nos referimos a las más conocidas, como la marihuana, que te quita energía; la cocaína, que te produce un falso nivel de excitación; o las nuevas drogas de laboratorio, como el éxtasis, que provoca un estado profundo de depresión cuando se desvanece su efecto. También tenemos que mencionar los fármacos que nos recetan los médicos para tal o cual dolencia, como esos calmantes que no dejamos de tomar porque nos sigue el dolor, o porque nos hemos acostumbrado a ellos y nos parecen indispensables para funcionar.

Para la salud, y para tener éxito en la vida, tienes que dejar esas cosas atrás. Hay que dejar de fumar. Los que fuman pueden llegar a tener cáncer de pulmón, como también la gente que los rodea que no son fumadores. En mi programa de Radio Única he recibido llamadas de personas que me dicen: "Ya no aguanto más a mi esposo. Sigue fumando alrededor de nosotros. Nuestros hijos pueden estar afectados por esto. Y la casa apesta".

Entonces tenemos que darnos cuenta de que esos malos hábitos pueden tener inclusive un impacto económico, un impacto negativo que no nos permita lograr nuestras metas, porque nos hacemos la falsa ilusión de que estamos funcionando y realmente no lo estamos. Otras personas se dan cuenta de que no producen igual que antes. Si te vas de fiesta una noche, cuando te levantas por la mañana no tienes energía para hacer tu trabajo porque estás tumbada. Tuviste una noche un poco excitada, y al otro día tu cuerpo no funciona bien.

No dejes los ejercicios para mañana

Hoy en día, con todos los aparatos que tenemos para lavar, para secar, para cocinar, estamos en un mundo donde realmente casi no hacemos ejercicio físico. Sin embargo nuestro cuerpo se hizo para el movimiento. Y lo que no se usa, se abandona.

En la actualidad, cuando la gente va al supermercado, tiene las comidas ya listas y empaquetadas y sólo tiene que seguir las instrucciones de la caja para calentarlas. Además, todos tratamos de parquear lo más cerca posible de la puerta.

Casi no hacemos ejercicio. Por eso nuestro cuerpo se empieza a deteriorar. Nuestras arterias se llenan de grasa porque no digerimos bien la comida. Y no es que nuestro cuerpo no sea perfecto, sino que no lo utilizamos correctamente. El movimiento, el caminar, es importante para la circulación, para que nuestros órganos funcionen mejor.

Y no debemos esperar. Cada día que pases sin hacer algo de ejercicio es un día más que perjudicas tu salud. Tenemos que reservar tiempo para el ejercicio.

Por supuesto, antes de empezar de hacer ejercicios debes consultar con un médico, para que te diga si estás en buenas condiciones físicas, y qué tipo de ejercicios debes realizar. Y debemos comenzar con poco. No podemos empezar caminando diez kilómetros sin primero darle la vuelta a la manzana. Poco a poco se consigue más.

Creo que conviene levantar pesas porque es importante desarrollar los músculos, pero no me parece que sea necesario levantar quinientas libras. Yo me conformo con levantar quince o veinte libras, y eso es lo que hago. En primer lugar, no creo que necesito tener tantos músculos para estar saludable.

Tampoco tienes que llenar la casa de equipo. Las planchas son buenísimas para aumentar los músculos de los brazos, pecho y el abdomen. En hacerlos a diario, los brazos se te ponen más firmes y más atractivos.

Nuestro cuerpo se hizo para el movimiento. Muévete.

Para el que quiera aumentar sus músculos y hacerlo correctamente, un entrenador le puede enseñar cómo. Mucha información también se puede encontrar en el Internet y en libros y revistas en la biblioteca. El ejercicio tiene que ser una prioridad en tu vida. O sea, cuando prepares el horario de la semana, tienes que ver qué ejercicios físicos debes hacer y cuántas veces. Y, a medida que nos vamos poniendo mayores, cuando ya nos acercamos a los cuarenta o cincuenta años, más consciente tenemos que ser de ese factor, pues nuestro metabolismo cambia y la alimentación incorrecta que hemos llevado en nuestra juventud empieza a notarse en el organismo. Tarde o temprano, pagamos las consecuencias.

Escoge un ejercicio que te guste, para que sea más probable que sigas haciéndolo. A continuación aparece una lista de posibles actividades físicas y las calorías que permiten quemar en treinta minutos, según el peso de la persona.

Actividad   Calorías quemadas en 30 minutos

	Persona de 100 libras	Persona de 150 libras	Persona de 200 libras
Aeróbicas de bajo impacto	132	198	264
Bicicleta fija: pedaleo vigoroso	252	378	504
Ciclismo: de 12 a 13.9 mph	192	288	384
Ciclismo: > 20 mph	396	594	792
Artes marciales: judo, karate, kickbox	240	360	480
Saltar la cuerda	240	360	480
Correr: 5 mph (12 min/milla)	192	288	384
Correr: 10 mph (6 min/milla)	396	594	792
Fútbol	168	252	336
Natación	144	216	288
Tenis	168	252	336
Caminar: 4 mph (15 min/milla)	108	162	216

| Levantamiento de pesas | 72 | 108 | 144 |
| Yoga | 96 | 144 | 192 |

Motívate

Posiblemente al principio de comenzar un programa de ejercicios, te vas a sentir más cansada. Pero dentro de muy poco tiempo empiezas a ver que tu nivel de energía va aumentando. No dejes de hacer ejercicios porque te sientas más cansada. Tienes que convertirte en tu propio entrenador personal. De la misma manera que un entrenador personal te da indicaciones paso por paso, dándote aliento, corrigiéndote y animándote a esforzarte un poco más, eso debes hacer contigo mismo.

Por ejemplo, cada vez que salgas a caminar, debes decirte: "Me siento mejor. Me siento mejor". Yo creo que tenemos que crearnos una especie de mantra a modo de estímulo, para repetirnos: "Me siento mejor, me siento mejor, corriendo me siento mejor. Me siento mejor, me siento mejor, caminando me siento mejor, nadando me siento mejor".

Es importante que seamos nuestros propios entrenadores. "Estás haciéndolo muy bien. Vamos bien". Apláudete. Cuando más cansada estés, date ánimo tú misma para sentir ese estímulo que todos necesitamos para sentirnos mejor. Tienes que acallar esas voces que te dicen: "Esto es demasiado. Regresa a casa. Tú no puedes". Responde: "¡No! ¡Yo sí puedo!". Y con cada día que pasa, verás que se te va a hacer más fácil, hasta que llegue el día en que vas a sentir el deseo de salir a caminar o hacer tu ejercicio favorito porque te gusta hacerlo. Cuando llegue ese día, sentirás que ya deja de ser un sacrificio para obtener un beneficio, sino que se ha convertido en la recompensa que buscas y los beneficios que te da son algo adicional.

> **Lo que importa es cómo te ves y no cuánto pesas.**

Yo creo que otra forma de motivarnos, por lo menos al principio, es con un espejo en vez de una báscula. Es natural que cuando queremos bajar de peso empezamos con pesarnos. No te lo aconsejo.

En vez de estarnos pesando, yo creo que antes de que comencemos el ejercicio, nos debemos mirar en un espejo. Parada ahí en toda tu naturaleza, toma una cinta de medir y mídete la cintura y las caderas y los muslos . . . y todas las partes donde quieres rebajar. Porque de verdad cuando decimos que queremos bajar de peso no es que queremos quitarnos las libras de encima: queremos quitarnos la gordura. Eso es lo que vale. Lo que importa es cómo te ves y no cuánto pesas.

Y es increíble, pero ha sido mi experiencia propia que, aunque no necesariamente bajamos de peso al principio, sí comenzamos a reducir nuestras medidas. Verás que vas a aumentarlas en los lugares correctos, y bajarlas en los otros. Por eso, medirse es importante.

Si no lo puedes evitar y de todas maneras quieres saber cuánto pesas, entonces pésate la misma mañana en que empiezas tu régimen de ejercicios. Si quieres, pésate, pero no lo hagas todos los días. Pésate siempre a la misma hora, una vez a la semana, y cuanto más temprano mejor. Yo, por mi parte, prefiero medirme en tallas que en libras.

Recuérdate también que los músculos pesan más que la grasa. O sea que mientras vas bajando en talla y eliminando grasa de tu cuerpo, puedes ir aumentando de peso. Esa es otra razón por la cual yo creo que un espejo es mejor que una báscula para ver el mejoramiento de tu estado físico.

Pero es importante perder la grasa, especialmente del abdomen. No es tan difícil. Un estudio reciente mostró que personas con 50 años o más pueden perder grasa y mejorar su salud considerablemente con solo empezar un régimen de caminar. Por eso yo lo recomiendo tanto.

Cuándo hacer ejercicios

Es importante que cuando te estés ocupando de tu cuerpo, mires a qué hora vas a hacer tus ejercicios.

Por lo general, todo lo que hagas por la mañana te va a dar un beneficio increíble, porque te está dando energía para poder hacer ese día lo mejor posible. Vas a poder tener energía para pensar mejor y para planificar mejor.

Hacer ejercicios y caminar no solamente beneficia a tu cuerpo sino que, si tienes pareja, te puede ayudar en tu relación. He recalcado tantas veces lo siguiente que ya se ha convertido en un mantra: "Caminen con sus esposos por lo menos 15 minutos al día".

No solamente estás haciendo el ejercicio de caminar, sino que estás compartiendo, aunque sea el silencio, con esa pareja. Caminen de la mano si es posible.

Efectivamente hacer ejercicios te puede ayudar en tu vida sexual. Te puede ayudar a dormir mejor. Pero es muy importante que prestes atención al horario de tu régimen de ejercicios.

Sentirte extenuada antes de acostarte te da tanta energía que te va a costar trabajo dormirte. Si tienes que hacer ejercicios por la noche, las horas óptimas son antes de la cena, porque te acelera el metabolismo.

Por eso recomiendo que lo hagas por la

mañana antes del desayuno. Porque con el ejercicio tu metabolismo funciona mejor. Temprano por la mañana y cuando llegas del trabajo, ésos son los mejores momentos para salir a caminar.

Si no te es posible antes de la cena por las razones de siempre—hay niños en la casa o tienes que atender otras obligaciones—, haz ejercicios cuando hayan terminado de cenar y la mesa ya esté recogida. Sal a caminar inmediatamente después de la comida, siempre y cuando esa comida no sea a las diez de la noche. Que sea por lo menos a las siete o las ocho.

No te engañes con el pretexto de no tener tiempo

Un pretexto que siempre nos ponemos para no hacer ejercicios es que no tenemos tiempo suficiente. Mentira, sí lo tenemos. Sólo que tenemos que encontrarlo.

Lo mejor de todo es que es fácil encontrarlo.

Puedes hacer ejercicios cuando te dirijas a la parada de autobús por la mañana o camino de tu casa por la tarde. Si ya has empezado a caminar, acelera el paso. Camina a una velocidad que te acelere la respiración y te haga sudar. No se trata sólo de ir hacia la parada del autobús o de regreso a casa. Cuando uno de verdad quiere ejercitar su metabolismo, para que ese metabolismo funcione a su nivel óptimo, hay que sudar. Una de las cosas que yo le recomiendo a la gente, que es algo que yo hago, es combinar los ejercicios físicos con las tareas cotidianas. Por ejemplo, la doctora Isabel se ejercita una o dos veces por semana cuando va a los aeropuertos, porque por lo general estoy cargando la maleta, corriendo para poder llegar al avión a tiempo, y eso lo hago a conciencia. Estoy muy consciente de que estoy agitada, de que me falta la respiración. Y eso me da a entender que estoy haciendo algo de ejercicio.

Trucos para hacer ejercicios

1. Deja que las tareas cotidianas formen parte de tu régimen de ejercicios. Si vas a lavar la ropa, levanta el cesto de la ropa sucia y llévalo a la lavadora, en vez de usar un carrito. Coloca el cesto en el suelo y dobla el cuerpo para coger ropa y yérguete para echarla en la lavadora, y así sucesivamente, siempre respirando, hasta que el cesto quede vacío.

2. Donde quiera que vayas, camina más rápido. Cuando te bajes del autobús y te dirijas a casa, o cuando vayas a la tienda.

3. Estaciona tu auto lejos de la tienda. (Siempre y cuando sea una zona donde no hay peligro. Y aunque parezca segura, ten cuidado).

4. Las bolsas del supermercado son pesas perfectas para hacer ejercicios. Cuando las coloques en tu auto, cuando las saques para llevarlas a la casa y cuando las vayas colocando, flexiona los brazos varias veces.

Ahora bien, para que un ejercicio pueda aportar beneficios cardiovasculares, tenemos que hacerlos constantemente durante un período determinado. Lo ideal es de veinte a veinticinco minutos. El efecto se produce cuando empiezas a respirar con más agitación. Los ejercicios son importantes porque nos hacen respirar más profundamente. El oxígeno es posiblemente el elemento más importante para nuestro organismo. El oxígeno es el responsable de que nuestras células, que están continuamente en movimiento, puedan renovarse y funcionar en las mejores condiciones.

Todos estamos más ocupados hoy en día. Pero a continuación propongo varias maneras de incorporar un régimen de ejercicios a la vida tan ocupada que llevamos.

- Levántate media hora antes y saca al perro a caminar o camina con amigos por el barrio. Es una hora buena porque no tienes interrupciones: los niños están durmiendo, nadie te llama por teléfono, etcétera.
- Toma un receso de quince minutos en el trabajo. En vez de tomar café, sal a caminar.
- Después de la cena, en vez de quedarte con tu familia en casa, vayan todos juntos a caminar o a nadar.
- Planifica una actividad divertida al aire libre para toda la familia varias veces por semana, como jugar fútbol o pelota, o montar bicicleta.

- ¿Tuviste mucho estrés en el trabajo? Pon una música suave y pasa media hora estirando todos los músculos mayores del cuerpo.
- Mientras tus hijos practican sus deportes, camina alrededor del terreno una y otra vez. Así, haces ejercicios mientras los observas.
- No te quedes sentada sin hacer nada. Estírate mientras ves la telenovela.

En la próxima tabla verás cuántas calorías puedes quemar durante distintas actividades en el hogar y en el trabajo.

Actividad	Calorías quemadas en 30 minutos		
	Persona de 100 libras	Persona de 150 libras	Persona de 200 libras
Bailar	132	198	264
Cortar el césped	108	162	216
Cortar leña	144	216	288
Cuidado de los niños: bañarlos, darles de comer, etc.	84	126	168
Cocinar	60	90	120
Comprar en el mercado (con un carrito)	84	126	168

Limpieza fuerte: lavar el auto, las ventanas, etc.	108	162	216
Leer sentada	27	40	54
Ver televisión	18	27	36
Dormir	15	23	30
En el trabajo			
Trabajo suave de oficina	36	54	72
Trabajo en computadoras	33	50	66
Trabajo de carpintería	84	126	168
Construcción en general	132	198	264
Agente de policía	60	90	120
Camionero (sentado)	48	72	96
Sentarse en la clase	42	63	84
Servir en un bar o de camarera	60	90	120
Pintar el exterior de la casa	120	180	240

No corras, camina

Caminar es uno de los mejores ejercicios que puedes hacer. Es también uno de los más seguros en términos de posibilidad de lesionarse. Hazlo regularmente. Camina con paso rápido. No sólo perderás peso, sino que mejorarás tu sistema cardiovascular y ayudarás a evitar la osteoporosis.

Se han hecho estudios que demuestran que caminar con regularidad puede retrasar y posiblemente evitar la diabetes de tipo dos entre personas con sobrepeso. Por otra parte, caminar ayuda a reducir el dolor causado por la artritis en las rodillas, ya que fortalece los músculos alrededor de esa articulación.

Beneficios de hacer ejercicios: alivio del estrés

El estrés ha existido desde tiempos inmemoriales. En la antigüedad, cuando una fiera se acercaba o atacaba, la persona huía corriendo o peleaba contra ese animal. Eso también era estrés, pero se liberaba física e inmediatamente.

Hoy en día el estrés es diferente. El estrés es causado por la sobrepoblación de las ciudades, por la escasez de naturaleza. También lo provoca el tener que trabajar con otros en lugares muy pegados. Tener gente siempre encima. Y al mismo tiempo, no estamos rodeados de esa familia que nos ayuda.

El sistema de apoyo familiar que teníamos antes muchas veces desaparece por la mera razón de que somos inmigrantes. Entonces, lo que pasa es que todas las tensiones aumentan como nunca antes, y no las soltamos. Nos toca a nosotros buscar formas de reducir o liberar el estrés. De lo contrario, el estrés nos va afectando la salud. Nos va oxidando el sistema. Es igual que un carro sin mantenimiento, sin limpieza. Se va gastando y estropeando hasta que se rompe y deja de andar. El estrés nos afecta el corazón. Muchas veces hace que el estómago suelte ácidos que afectan el sistema digestivo. Se ha demostrado que también es perjudicial para el sistema inmunológico, con lo cual somos más susceptibles a contraer enfermedades y se nos hace más difícil combatir y recuperarnos de esas enfermedades. Nos puede afectar los nervios y la salud mental, y causar depresiones.

El ejercicio es como una limpieza para el sistema. Es como un cambio de aceite para el carro. Contrarresta los efectos del estrés. Y lo mejor es que nos hace lucir bien por fuera.

Beneficios de los ejercicios: pérdida de peso

Obviamente, hacer ejercicios es también fantástico por la razón por la cual los hacemos: para perder peso. Es magnífico para el propósito de no engordar, para no acumular grasa en el cuerpo. Caminar no es el único ejercicio que nos ayuda a bajar de peso. Levantar pesas permite bajar libras y mantener el peso estable. También nos ayuda a combatir enfermedades relacionadas con la vejez: huesos frágiles, equilibrio deficiente y aumento de peso. Resulta que esas enfermedades tienen más que ver con la pérdida de masa muscular que con el paso del tiempo. Con un régimen habitual y ligero de levantamiento de pesas, es posible revertir gran parte de ese declive sin necesidad de convertirse en Arnold Schwarzenegger.

Los beneficios son muchos:

- Los músculos fuertes fortalecen los huesos, con lo que se evita la osteoporosis.
- Los músculos queman más calorías que la grasa, inclusive cuando no estás haciendo ejercicios.
- Los músculos ayudan a reducir el riesgo de contraer diabetes de tipo dos.

Como todo, la clave es empezar a fortalecer los músculos lentamente, de la manera correcta. Si no sabes cómo, debes buscar un entrenador personal.

Beneficios de los ejercicios: sistema cardiovascular

Unos de los motores más importantes que tenemos en nuestro cuerpo es el corazón. Es una bomba. Necesita acelerarse y calmarse. Tenemos que ayudarla. Caminar, como ya hemos mencionado, es excelente para el corazón. Tiene sentido, ya que se trata de un músculo. Y cualquier cosa que haga que la sangre fluya con más rapidez por los músculos los ayuda a mantenerse en forma. Sin embargo, caminar con regularidad tiene otros beneficios también. Reduce la presión arterial, que ayuda a disminuir la tensión en las arterias. Puede elevar el nivel de lo que los médicos llaman "buen colesterol". Parece reducir las posibilidades de coágulos sanguíneos pues disminuye el espesor de la sangre. Como resultado, se puede reducir en un cincuenta por ciento la posibilidad de sufrir un ataque cardíaco.

> **Si el corazón bombea mejor, la sangre fluye mejor.**

Caminar también reduce el riesgo de sufrir una apoplejía. Diversos estudios demuestran que las personas activas tienen menos probabilidades de tener una apoplejía. Es más, para uno de los mayores estudios sobre el tema, se siguió la actividad de setenta mil enfermeras durante quince años, y se determinó que las que más caminaban tenían hasta cuarenta por ciento menos probabilidad de sufrir una apoplejía causada por un coágulo sanguíneo.

Y los beneficios de hacer ejercicios no son solamente físicos, mentales, emocionales y espirituales. También pueden ser en el placer, ya que tu vida sexual puede mejorar. A medida que el corazón bombea mejor, la sangre fluye mejor. Por todas partes del cuerpo. Sospecho que sabes a qué me refiero. El resultado es que puedes sentir más estimulación en las zonas erógenas. Y, como tienes más energía, puedes disfrutarlo por más tiempo. Muchas veces no hacemos ejercicios porque estamos atrapados en un círculo vicioso: cuanto menos hacemos, menos podemos . . . y hasta menos hacemos. Con el ejercicio pronto pasas de un círculo vicioso a un circulo delicioso: te sientes mejor y quieres hacer más. De todo.

No es sólo cuánto comemos, sino lo que comemos

No hay duda de que a los latinos nos gusta comer. No hay de nada malo en eso. Pero tenemos que comer saludable.

En este país se come en exceso. ¿Por qué? Porque vivimos rápido. No nos damos tiempo a comer despacio. A la media hora tenemos hambre otra vez y volvemos a repetir el proceso.

No es solamente lo que comemos, sino la cantidad. Tenemos que comer menos, y comer mejor.

En vez de ir a la cafetería cerca del trabajo para comer una hamburguesa, debes llevar el almuerzo de la casa. En vez de comer comidas con grasa, trata de comer un poco más de pavo, si no eres vegetariana. Échale menos mayonesa. Ponle más lechuga y tomate, para que te llene. Trata de comer sólo un sándwich, no más. Come una manzana u otra fruta de postre, que te da el doble beneficio de suministrarte vitaminas y llenarte la barriga, con pocas calorías. Evita las comidas grasientas y las que se empanizan y luego se fríen. Una pechuga de pollo empanizado tiene casi el triple de calorías que una hecho al horno. La grasa te tupe las arterias y te afecta el colesterol.

Varios estudios muestran los beneficios de comer pescado regularmente para la salud, aunque hay que tener cuidado con los contaminantes que algunos pueden contener. De todas formas, muchos médicos afirman que comer media libra de pescado a la semana constituye una dieta alta en proteínas y baja en grasas saturadas, y ayuda a prevenir las enfermedades cardíacas.

> **No es solamente lo que comemos, sino la cantidad.**

Yo creo que es muy importante también que a la hora de comer, la hagamos conscientemente y sin apurarnos. Eso nos ayuda a comer menos, y creo que a digerir mejor la comida. El cerebro necesita cierta cantidad de minutos para reconocer que el cuerpo ya no tiene hambre, que lo que ya has ingerido es suficiente. El agua es tan importante como la comida. Debes tomar ocho vasos de agua al día. Es necesario para el funcionamiento correcto de los riñones, los músculos, la sangre y las células del cuerpo. Y te limpia el sistema de toxinas.

Reconoce tus limitaciones y duerme lo suficiente

Cuando tomamos la determinación de empezar un régimen de ejercicios, es importante que no comencemos como unos locos y decir el primer día: "Voy a hacer dos horas de ejercicio levantando pesas, corriendo y montando bicicleta". No. Es mejor que empieces con poco y que vayas día por día haciendo más. Variar los ejercicios creo que también te ayuda a evitar el aburrimiento. Un día montas bicicleta, otro día caminas y otro día levantas pesas.

De la misma manera que uno debe reconocer sus limitaciones y ponerse limites en la cantidad de ejercicio que va a hacer, creo que uno tiene que conocer la cantidad de sueño que necesita para ser saludable. Es preciso reconocer que siempre ha existido la regla de ocho horas para dormir. Yo creo que muchas veces no necesitamos tanto. Pero cada uno se conoce a sí mismo. Personalmente, mi cuerpo no necesita ocho horas. Sin embargo, la cantidad correcta te ayuda a mantener la mente clara, y da al cuerpo y a los músculos el tiempo que necesitan para recuperarse.

Cuando no dormimos lo suficiente, perjudicamos económicamente a nuestras compañías, a nuestras comunidades y a nosotros mismos. Según los economistas, la falta de sueño cuesta aproximadamente noventa mil millones de dólares al año en los Estados Unidos por concepto de pérdida de productividad, ausentismo laboral, accidentes de tráfico, y estimulantes y somníferos.

No obstante, como siempre digo, dormir en exceso puede ser tan perjudicial como no dormir lo suficiente. En un estudio realizado entre cuatro mil quinientos cuarenta y un hombres y mujeres, se determinó que aquellos que dormían nueve horas o más tenían más probabilidades de morir en un plazo de catorce meses que los que dormían siete u ocho horas. Los que dormían seis horas o menos tenían cincuenta por ciento más de probabilidad de morir.

Dormir también nos ayuda a aprender y asimilar mejor conceptos complejos. Cuando dormimos inmediatamente después de un período de aprendizaje, la nueva información se incorpora a nuestra mente durante el sueño. Y la próxima vez igual, y así sucesivamente. Esa repetición nos ayuda a dominar conceptos complejos y establecer las nuevas ideas en nuestra mente.

Según el resultado de un estudio reciente, hay otra razón por la que debemos dormir las horas necesarias: bajar de peso. Si no duermes lo suficiente por la noche, de acuerdo con el estudio, comerás más durante el día, y las hormonas que controlan el apetito y la pérdida de peso no funcionarán correctamente.

En conjunto, la cantidad correcta de horas de sueño, una dieta saludable y un régimen de ejercicios nos dan el poder que necesitamos para alcanzar nuestra meta.

Paso 5: Cuida tu cuerpo.

CAPÍTULO 6

PASO 6:
ALIMENTA TU ESPÍRITU

A ti jamás se te ocurriría dejar de comer. Sabes que necesitas alimentarte para poder funcionar, para tener energía, para caminar, para hacer todo lo que quieres en tus metas. Pero quiero también proponerte una nueva idea: que al igual que tenemos un cuerpo que cuidar, tenemos que ocuparnos de lo que nos diferencia de los animales.

Hay un espíritu dentro de nosotros. Y ese espíritu también hay que alimentarlo, porque es el centro de nuestra energía, y lo que nos guía hacia esa meta que es la razón por la cual fuimos puesto en esta tierra.

Dios no nos creó para que desperdiciáramos ese potencial. No nacimos para hacer tonterías. Ni para drogarnos ni paralizarnos, sino para hacer algo mejor con nuestras vidas.

Pero, básicamente estamos rodeados de un mundo totalmente materialista. La mayoría de nosotros, con la excepción de aquellos que van a trabajar en el campo, vivimos en medio de edificios hechos por el hombre, que nos recuerdan constantemente que éste es el mundo, y que el mundo está hecho por el hombre.

Solamente podemos escapar cuando nos damos permiso para separarnos de esa rutina diaria, de esa búsqueda del dólar, para decir: "Me voy a dar media hora para mirar un árbol. O contemplar un paisaje. O mirar el cielo. O ver cómo un pajarito hace un nido".

El centro de tu poder

Es una obligación alimentar ese mundo espiritual. Si no lo hacemos, algo por dentro de nosotros se seca. Yo diría que el espíritu es el motor, el centro, que nos mueve. Es lo que nos lleva en la misión para la cual fuimos creados. Si no eres religioso, si no crees en un Dios Supremo, vamos a pensar en una fuente de poder. Incluso tus células están conectadas a ese poder. Están programadas para desarrollarse en células del hígado, en células del cerebro. Cada célula está exactamente programada para saber lo que tiene que hacer. Cada una cumple una función.

Nosotros somos el conjunto, el grupo completo de todas esas células. Y todas tienen una función para llevarnos a nuestra felicidad. Y si eso es cierto—y yo creo y abrazo eso completamente—, nos tenemos que dejar llevar. Tenemos que aprender a descartar muchísimas de esas nociones, muchísimos programas que trajimos en la mochila, de nuestros padres y antepasados.

Cuando no lo hacemos, siempre estamos estresados. Nos cuesta dormir. Nos cuesta trabajo dormirnos, o nos despertamos en estado de pánico. Puede que, inclusive, eso provoque más pesadillas. Las relaciones no marchan bien, ni con nuestra pareja ni con nuestros hijos, ni con nuestros familiares. Eso es lo que resulta porque no estamos tomando el tiempo para tener paz y tranquilidad.

El espíritu es el motor que nos mueve.

El espíritu es el pozo que está lleno de esa agua que nos alimenta durante todo el día. Y cuando el pozo se seca, hay que encontrar la fuente de esa agua, el manantial para llenarlo de nuevo.

Ese manantial, inclusive de sabiduría, que está conectado al espíritu, si no lo alimentamos se seca. Si no alimentamos nuestro espíritu vamos a tender a ser negativos, a ver el mundo sin esperanza. Porque, ¿qué somos si no hay algo más que un mundo material?

¿Cómo podemos llenar ese pozo? Es un proceso que vamos adquiriendo a medida que practicamos la meditación. Porque cuando hablamos del manantial, cuando hablamos de la importancia de alimentar el espíritu, no puedes dar paz a nadie si tú no lo tienes. Tú no puedes dar amor a nadie si tú misma no tienes media hora para dártelo a ti misma.

Ése es uno de los secretos más importantes

para amar. Tú no puedes dar lo que tú no tienes. Porque si estás en bancarrota no puedes dar un centavo.

Ése fue el caso de un joven que iba sentado a mi lado en un vuelo de Miami a Boston. Me dijo que trabajaba en la bolsa en Colombia y que había tenido mucho éxito. Sin embargo, la expresión de su cara decía: "No soy feliz".

Por eso le pregunté: "¿Por qué?".

"Soy feliz, pero sé que me falta algo", me respondió.

Otra vez le pregunté: "¿Por qué?".

"Porque realmente mi desayuno, mi almuerzo y mi cena es el mercado", me dijo. "Mi mundo es totalmente materialista. Hasta tal punto que ni siquiera puedo expresar emociones a nadie a mi alrededor. Tengo una esposa que sé que siempre me ha amado, porque nos conocemos desde que teníamos doce años y ha sido mi única novia. Sin embargo, no puedo tener una comunicación con ella, a menos que lleguemos a unos extremos, entonces explotamos y nos gritamos. Yo sé cuál es el problema. Mi mundo gira totalmente en torno al dinero, a adquirir cosas materiales".

> **La felicidad no se encuentra en las cosas materiales.**

Yo le pregunté: "¿Qué te haría a ti feliz? ¿Lo que haces en estos momentos?".

Y me contestó: "Bueno, no creas que soy tan malo. Yo pienso que algún día, cuando haya ganado muchos millones, daré a la humanidad dinero del que yo he ganado".

"Creo que es una meta muy noble", le dije.

"Pero, ¿qué estás haciendo ahora? Porque me doy cuenta de que tienes el tanque vacío".

Me di cuenta de que él estaba inventando excusas para evitar llegar a su trabajo espiritual. Me di cuenta de que su alma estaba pidiéndole: "Préstame atención". Pero para evitarlo, porque él tiene temor a no alcanzar la meta de tener todos esos millones, él mismo se pone excusas.

Muchos hacemos lo mismo. Buscamos la paz y la felicidad en las cosas externas, principalmente en lo material. Es un círculo vicioso: Cuanto más adquirimos, más buscamos, y más vacíos nos sentimos porque en verdad no estamos encontrando lo que realmente necesitamos.

Los duendes y la felicidad

A ese joven le conté una anécdota que yo había narrado en mi programa de Radio Única. Es una historia de unos duendes.

Todos sabemos que los duendes son traviesos y les gusta molestar. Pues, cuando terminó la creación, los duendes miraron el mundo y uno dijo: "Este mundo es muy bonito. Los seres humanos tienen aquí una cosa muy linda. Pero vamos a hacerles un truco".

Otro dijo: "Yo sé, vamos a quitarles la felicidad".

A todos los duendes les gustó mucho la idea.

"Pero, ¿dónde la vamos a esconder?", preguntó uno.

Otro respondió: "Ya sé, la vamos a poner en la cima de una montaña, de la montaña más alta de la tierra".

Otro dijo: "No sé. Esta gente es muy fuerte. Algún día alguien va a llegar a la cumbre de esa montaña, y la va a encontrar allá arriba".

Todos coincidieron en que tenía razón.

"Ya lo tengo", propuso uno. "Vamos a esconderla en lo más profundo de los mares".

"No", dijo el primero. "A mí me parece que ellos van a encontrar la forma de llegar al fondo del mar, por la curiosidad que siempre tienen. Vamos a buscar otro lugar".

Y así, sucesivamente, fueron nombrando lugares donde esconder la felicidad.

"En otro planeta", sugirió un duende.

"No, porque son muy inteligentes", saltó otro. "Un buen día van a hacer una nave que los lleve a ese planeta y la van a encontrar".

Había un duende que no había dicho absolutamente nada, que había quedado callado durante toda la conversación, y al final habló.

"Yo sé dónde la vamos a esconder", dijo. "Dentro de ellos mismos. Porque van a estar siempre tan ocupados buscando la felicidad fuera de sí, que jamás se les ocurrirá mirar por dentro".

Yo creo que los duendes tenían razón. Porque la mayoría de nosotros buscamos afuera, más que nada en las cosas materiales, y la verdadera felicidad se consigue cuando entramos a lo más profundo de nuestro ser, cuando hacemos los trabajos necesarios para alimentar ese espíritu. La felicidad es diferente para todos los seres humanos, porque cada persona es única.

Cuando alimentamos el espíritu, nos sentimos satisfechos, y por consiguiente nuestra mente va a ser más positiva. Nuestros pensamientos van a ser positivos. Vamos a mirar a la gente de otra manera. La forma en que caminamos será diferente. Nuestras emociones van a ser más calmadas, más controladas. No vamos a tener extremos, ni de tristeza ni de alegría. Vamos a ser personas estables, por lo general.

Ahí está la clave de poder lograr esa estabilidad emocional y esa estabilidad espiritual que nos lleva a tener más éxito en las metas correctas. Al llenar ese vacío espiritual, al realmente conectar con nuestro espíritu, podemos tener metas, pero también nos vamos dando cuenta de cuándo las metas no son las correctas para nosotros.

> **No puedes dar amor si no te das amor.**

Creo que al tener esa vida espiritual, también nos damos cuenta de que el espíritu siempre nos pide un poco más, porque uno de los propósitos principales que tenemos todos los seres humanos es mejorarnos cada vez más. Mejorarnos no significa la acumulación de millones, sino tener un poco más de compasión, un poco más de alegría para los demás, un poco más de tiempo para los demás.

Descubre una práctica que te dé resultado

Para encontrar esa paz y felicidad tenemos que alimentar el espíritu. ¿Cómo? Cada uno tiene que encontrar una práctica espiritual que le dé resultado. Yo creo que la meditación, la visualización, el caminar en un parque bonito, son magníficas actividades. Si trabajamos como casi todos trabajamos, en cuartos cerrados, en oficinas cerradas, donde no se puede apreciar la naturaleza, mi recomendación principal es: ponte en contacto con la naturaleza, que es una forma de meditar.

Pasear por un camino lleno de árboles, observar un pajarito, una ardilla . . . no hay un solo día de mi vida que yo no haga eso.

Así alimentamos nuestro espíritu. No siempre tiene que ser algo solitario. Por ejemplo, tú puedes caminar con tu pareja sin decir una sola palabra. Y yo creo que deberíamos hacerlo más a menudo. Se trata de poder compartir. La comunicación no siempre tiene que ser de palabra, puede ser de espíritu. Puede ser entre dos seres humanos que caminan en silencio. A mí me encanta meditar inclusive con mi pareja. Es maravilloso.

O puedes escuchar música, que es algo que yo recomiendo. No importa si lo haces con tu pareja o sola, la música nos pone en contacto con nuestro ritmo interno.

Música

Cuando estudiamos música, es muy interesante ver que la música tiene tiempo. Y ese ritmo, cuanto más parecido sea al ritmo natural de tu corazón y de tu respiración, te puede ayudar a relajarte y a poder meditar con éxito.

O sea que tenemos que buscar música o sonidos que guarden relación con tu corazón y tu respiración.

Yo recomiendo escuchar música clásica o los sonidos de la naturaleza, que es todavía mejor. A unos, para tranquilizarse, les puede gustar la música clásica; otros quizás prefieren una balada. Y en ese sonido descubrirás un ritmo que puedes seguir con tu respiración.

Aromaterapia

Yo creo que en esa vida espiritual debes estar en contacto con tus sentidos. Con esa tierra húmeda. Con el olor de la primavera. Con los olores que cambian. El otoño tiene un olor diferente. Y yo creo que cuanto más contacto tengamos con los canales que Dios nos dio para desarrollar en nuestro mundo, creo que más contacto tenemos con nuestra espiritualidad. Por eso creo en la importancia del olor de las velas, de los inciensos, de los olores que nos ayudan a relajarnos, como la lavanda. Creo que todo lo que tenga que ver con aromaterapia te puede ayudar.

Si puedes, lo debes hacer a diario. Si no tienes mucho dinero, debes tener cuidado con lo que gastas. Hay formas de hacerlo que no son muy caras. Por ejemplo, puedes comprar una vela y un frasquito de extracto de aceite aromático. Cuando enciendes la vela, le echas una gotita de ese extracto. Una gotita es suficiente. Te va a durar más el olor y la vela, y vas a sacarle el mismo provecho.

Lectura

Es bueno meditar diariamente, antes de levantarte de la cama. En ese momento, lee algo que te inspire, que sea espiritual. Si necesitas leer más de un material de lectura, para calmarte un poco más al principio, hazlo.

Te tienes que programar para hacerlo si nunca lo has hecho. Esto es igual que el ejercicio físico, pero al revés. Tienes que empezar por mucho, y poco a poco necesitarás menos. Pero, de la misma manera que tienes que calentar los músculos antes de hacer ejercicios, tienes que calentar tu espíritu para poder meditar.

En las palabras de otros podemos encontrar pensamientos que nos lleven por el camino de la paz interna. Aunque tu camino es único, no eres la primera que inicia el recorrido.

Hay varios caminos hacia el mismo destino. Escuchar cómo llegó otra persona te puede ayudar a encontrar tu propia ruta.

Busca poesía que te relaje, que te inspire. Busca cuentos como el de los duendes, que te estimulen la mente. Lee la Biblia, si quieres. Está repleta de pensamientos que llenan tu pozo espiritual.

Busca lo que te gusta a ti, porque es tu espíritu al que estás alimentando.

Meditación

La otra estrategia es concentrarte en la respiración profunda. Respirar es extremadamente importante. Al respirar estamos absorbiendo oxígeno, y necesitamos suficiente oxígeno para poder alimentar a los millones de células que tenemos para que se renueven.

Entonces, la respiración debe ser profunda

cuando estás inhalando. Cuando respires, inhala hasta que sientas no solamente los pulmones, sino el mismo estómago totalmente distendido porque lo tienes lleno de esa respiración. Cuando respires, imagina que te estás limpiando por dentro, que te está entrando algo nuevo, una luz clara. Y cuando estés exhalando, estás soltando todo lo que es basura. Concéntrate en la respiración. Cuando uno respira así, por lo general no pueden venir otros pensamientos. Lo puedes hacer varias veces durante el día y ése puede ser el punto que te lleve a la meditación.

O sea que es una estrategia muy buena para empezar a entrar a tu interior. Ya después puede venir la meditación de veinticinco minutos, o de más. No te preocupes si algún día te quedas dormida mientras meditas. No te preocupes, pues eso significa que tu alma necesita paz. Y en ocasiones puedes encontrar muchas respuestas y mucho descanso en esa meditación.

Yo medito antes de acostarme, y sé perfectamente que de la meditación paso al sueño. Me duermo. Lo hago en la cama con ese propósito.

También puedes meditar sentada. Cuando lo haces en grupo, esa posición es muy buena. Con los pies en el suelo. Con la palma de las manos hacia arriba, con la espalda descansando en el respaldo de la silla. Debes asumir la postura más cómoda posible para tus músculos y tus huesos.

Oración

Muchas veces, la meditación combinada con rituales como abrazar árboles o rezar es importante. Los tibetanos emplean unos collares de cuentas para orar, y cuando los ves rezando las oraciones de las sutras, te hacen recordar el rosario. El rosario, cuando empiezas a decir Ave María, estás haciendo un mantra. Es como una forma de calmarte. Yo puedo coger un rosario y ponerme a rezar, y si estoy en la cama por lo general me duermo. Porque ese movimiento de los dedos sobre algo que es natural, que es de la naturaleza, es otra forma de tranquilizarte.

Con la vida tan estresante que llevamos, muchos tenemos que buscar ciertas herramientas que nos ayuden a calmarnos. Una de esas herramientas pueden ser los collares tibetanos. Los puedes tener aunque no seas tibetana. Y si eres católica, un rosario.

El simple acto de rezar te puede traer tranquilidad, y por supuesto te ayuda espiritualmente. Yo, cuando estoy buscando paz, rezo la Oración de la Serenidad: "Dios, concédeme la serenidad para aceptar las cosas que no puedo cambiar, valor para cambiar aquellas que puedo, y sabiduría para reconocer la diferencia".

YOGA

El yoga es un ejercicio excelente que te ayuda a concentrarte en tus emociones. Es un ejercicio magnífico porque aprendes a respirar mejor. Tus músculos se vuelven más flexibles. Tu cuerpo empieza a sentirse más equilibrado. Y cuando tu cuerpo se equilibra, tu espíritu asciende a un nivel de paz y tranquilidad.

Es más, en el caso del yoga, es el espíritu que estás equilibrando el que hace que tu cuerpo se equilibre. Lo digo por experiencia propia. Comienza como un ejercicio físico, pero termina convirtiéndose en un ejercicio espiritual con beneficios físicos. O lo puedes mirar como un ejercicio físico que tiene beneficios espirituales.

Creo que es como el yin y el yang, que se complementan entre sí.

Reserva tiempo para alimentar tu espíritu a diario

Alimentar tu espíritu debe formar parte de tu vida diaria. No digas: "Pero, doctora, es que no tengo tiempo para eso. Me paso el día entero trabajando, cuidando a los niños, preparando la comida . . .".

Pues te levantas una hora antes. Todo el mundo está muy ocupado, pero si empiezas a hacerlo, lo puedes lograr en tu misma cama. Yo lo hago en la cama porque, como hay niños en la casa, así no los despierto. No quiero que sientan que la abuela ya se levantó.

En otras palabras, prográmate. Lo tienes que hacer. No hay otra solución. Si yo te pregunto: "¿Has comido hoy?", probablemente me dirás que sí. Pues tu espíritu también necesita alimentación todos los días.

Vuelvo a la historia del leñador. Si tú no afilas la cuchilla, te va a costar más trabajo cortar el árbol. Ese tiempo que dedicas a alimentar tu espíritu es el tiempo para afilarla.

Si te alimentas adecuadamente, casi nunca te enfermas. Cuando haces ejercicios de forma correcta, desarrollas músculos saludables. Si te caes, posiblemente no te romperás un hueso. Cuando alimentas tu espíritu, es igual. Estás más fuerte para hacer frente a la vida. Tienes más fuerza para lograr tus metas.

Lo puedes hacer hasta camino del trabajo, si vas en tren o en autobús. Te puedes poner los audífonos y escuchar una música calmada. También puedes escuchar una grabación que sea de motivación o tranquilizante.

> **Tienes que alimentar tu espíritu todos los días.**

Si tienes un patio, aunque sea el más pequeño del mundo, sal con tu taza de café y siéntate en un banquito a mirar un árbol. Muchas civilizaciones, como la azteca y una de las indias de los Estados Unidos, tenían la bella costumbre de abrazar los árboles, que es como una forma de conectarte a la tierra.

Entonces, por ejemplo, cuando estoy tomando mi café, me siento afuera y contemplo el mar. Me fijo si está embravecido o en calma. Miro a ver si veo una gaviota, o si ya llegaron las auras esas que vienen en enero.

O sea que soy consciente de los cambios de las estaciones. Para eso necesitas haber tenido un crecimiento espiritual. Y hambre de tenerlo. O sea que lo que ha sucedido en mí es que he afilado la cuchilla.

Por eso debemos alimentar el espíritu todos los días. Debe formar parte de la vida.

Tienes que hacerlo. Estamos hablando de una disciplina necesaria para sobrevivir. Todos llevamos por dentro una melodía. Si no tenemos tiempo para encender realmente esa radio y escuchar nuestra propia melodía, vamos a estar fuera de ritmo el día entero. Tenemos que aprender a escuchar nuestra música interior.

El lugar del silencio

¿Cómo lo podemos conseguir? A través del silencio.

Por eso recomiendo tener en la casa un lugar que sea un santuario, donde todo sea suave y se respire tranquilidad.

Yo creo que el secreto más grande para el espíritu es abrazar el silencio. Cuando llegas a una casa en la que continuamente está encendida la televisión y la radio, donde hay mucho ruido, esas personas están creando barreras. Están creando barreras para no comunicarse. Ni con su espíritu ni con el de los demás.

Yo creo que en el hogar tiene que haber momentos de silencio, cuando no encendemos el televisor ni la radio.

Entonces, en ese silencio puedes tener rituales como los míos. Yo me levanto y enciendo velas. O enciendo incienso. A lo mejor lo haces porque quieres limpiar tu ambiente, o lo haces en memoria de un familiar, o lo haces por un Dios supremo. Pero es una disciplina para traerte paz.

Inclusive, de acuerdo con tu religión o tu creencia, debes tener un rincón donde tienes algo representativo para ti espiritualmente. Puede ser una cruz, puede ser la Virgen de Guadalupe o la Virgen de la Caridad, puede ser una obra de arte o una foto—puede ser cualquier cosa que te dé paz y tranquilidad.

Yo creo que uno debe rodearse de fotografías y recuerdos de personas que sabes que te han deseado siempre el bien. En mi cuarto tengo en un estante un álbum que me hizo mi hijo Eric, de recuerdos especiales de la familia. En la parte de adelante está su fotografía. Yo no tengo que abrir el álbum. Me basta con mirar hacia donde está y eso me trae paz y tranquilidad.

Tengo una imagen de la Virgen María y una de la Virgen de Guadalupe que me regalaron en Los Ángeles. Una señora la hizo a mano. Tengo un recuerdo de una amiga judía, que me trajo un símbolo judaico que tengo colgado. Tengo una foto mía, en un momento bastante importante en mi vida, tratando de resolver el matrimonio. Estoy mirando al mar.

Tengo mi sombrero favorito. Tengo ángeles por dondequiera. Hay personas que tienen pirámides y hay personas que tienen otras cosas. Da igual lo que sea, pero debe ser algo que te dé paz. Llena ese lugar tuyo con recuerdos de personas y momentos que te den paz y tranquilidad.

También puedes tener un lugar especial afuera, en la naturaleza. Yo creo que Dios está presente en cada objeto natural de la tierra. Está en los minerales, está en una flor de tu jardín, está en un pájaro. Creo que si es en ese jardín donde sientes más paz, es ahí donde debes comenzar. No tienes que hacer un templo en el jardín de tu casa. Si quieres hacerlo, puedes, pero no es necesario.

Yo creo que uno de los secretos de la espiritualidad es reconocer que llevamos a Dios dentro de nosotros, y que tenemos que abrazar a nuestra propia habilidad. Creo que es bastante importante reconocer que al tener ese poder por dentro, tenemos que abrazarlo, respetarlo y alimentarlo. Y para poder alcanzar esa espiritualidad, tenemos que quitarnos de nuestra mente todos los pensamientos que nos puedan debilitar.

Donde sea que encuentres ese lugar especial tuyo, ese lugar de silencio y tranquilidad que te ayuda a encontrar tu paz interior, tienes que hacer el ritual de visitarlo al mínimo una vez al día. Ahí es donde vas a encontrar el camino a la espiritualidad que te va a dar el poder para lograr tus metas.

Paso 6: Alimenta tu espíritu.

Capítulo 7

Paso 7: Forma un Grupo de Apoyo

Cuando un niño está aprendiendo a caminar, se aguanta de la mano de la mamá o del papá. No porque quiere que lo carguen, sino para que le den apoyo mientras da sus primeros pasitos. A veces se suelta y anda tambaleándose por unos momentos, pero cuando siente que se va a caer, se agarra de nuevo. Va tomando confianza con el aliento de sus padres cuando lo animan a caminar sólo. Sus padres son su primer grupo de apoyo, que le da aliento, lo guía y le extiende una mano cuando la necesita.

A través de la vida, encontraremos personas dispuestas a tomarnos de la mano y darnos el respaldo que necesitamos a lo largo del camino hacia nuestras metas. Estos ayudantes, consejeros y guías de los que nos rodeamos forman nuestro grupo de apoyo. Pueden ser familiares, amigos de confianza, compañeros de trabajo, profesores, o fuentes experimentadas que buscamos con el propósito firme de aprender de sus experiencias.

Algunos grupos de apoyo son informales, y otros formales. Los informales son aquellos compuestos por familiares, amigos, conocidos, compañeros de trabajo, vecinos y miembros de grupos sociales o de la iglesia que comparten intereses comunes. Los formales son esos como organizaciones profesionales, programas empresariales de asesoramiento y desarrollo, comités de profesionales con un objetivo común, etcétera. Más o menos la diferencia radica en que uno tiene más que ver estrictamente con tu desarrollo profesional, mientras que el otro está compuesto por un grupo de personas relacionadas entre sí en quienes confías para varios propósitos. Por ejemplo, abuela me cuida los niños cuando voy a trabajar, y tía Elena me lleva en su carro. Mi cuñada me avisó que estaban buscando a una secretaria en la empresa donde ella trabaja, y me ha estado ayudando a aprender el oficio para que pueda desempeñarme bien. Su mejor amigo es el abogado que dio los consejos que necesitaba para resolver las trabas que tenía con inmigración.

O sea que tu grupo de apoyo te ayuda en todo, desde tus necesidades personales y emocionales hasta tus problemas legales y de trabajo. Tienes gente que te respalda (abuela y tía Elena), mentores (tu cuñada) y por lo menos un consejero (su mejor amigo, el abogado).

¿Por qué necesitamos grupos de apoyo?

Nosotros, los inmigrantes, muchas veces no contamos con la ventaja del grupo familiar.

Antes sí. Estábamos en nuestros países y teníamos a la tía, a la vecina y a la tribu que nos rodeaba. Al emigrar, nos aislamos. Y, como es la vida en los Estados Unidos, muchas veces nos encontramos solos, encerrados en la casa con sólo la televisión y el Internet. Entonces nos aislamos aún más. Por eso necesitamos los grupos de apoyo. Estos grupos actúan como esa conciencia familiar que antes teníamos. Cuando nos sentábamos alrededor de una mesa y oíamos lo que papá pensaba de la tía que metió la pata, o del tío que no se comportaba bien con la abuela, o "el jefe de mi trabajo no hace bien", esos niños van creciendo, escuchando a los padres, a los tíos, a los abuelos hablar sobre su experiencia en la vida, y adquiriendo sabiduría.

> **Es más fácil salir victorioso en equipo que solo.**

Parte de lo que hace este grupo de apoyo es ayudarnos a hablar de dónde estamos y hacia dónde vamos en la vida. Es algo importante. Tú tienes que hacerte un inventario personal: ¿En qué punto me encuentro del camino hacia mi meta? Tienes que preguntarles a los consejeros también, a ese grupo de apoyo, y escuchar lo que te dicen. Si andamos por un bosque, muchas veces es difícil determinar dónde estamos y si vamos por buen camino. Un guía que conoce el bosque tal vez puede mirar a ver si te has desviado demasiado y ayudarte a encontrar el camino de nuevo. Cuando alguien te dice: "¡Oye! Estás haciendo demasiado, tienes que tomarte unas vacaciones", presta atención al consejo.

Un deportista profesional, por ejemplo, un jugador de un equipo de baloncesto, por lo general no es bueno que juegue solo sino en equipo. La vida es igual. Para tener éxito, tenemos que reconocer que vamos a necesitar un grupo de apoyo.

Los personajes

¿Quiénes deben formar parte de tu grupo? Los mejores grupos tienen una selección completa de personajes que te brindan asesoramiento, consejos, respaldo emocional y asistencia para que puedas resolver tus necesidades.

El mentor

Entre ellos, necesitas un mentor. Ése es una persona sabia o por lo menos experimentada que ha viajado hacia destinos similares. A lo largo de la historia, los aspirantes a artistas pasaban años estudiando bajo la dirección de los maestros. Los aprendices trabajaban dirigidos por maestros de obra durante años. Al buscar tu meta, el recorrido se hace más fácil con un mentor, y te equivocarás menos.

Ese mentor actúa como un instructor particular, que te puede aconsejar: "Sigue adelante, tú vas a poder", y cosas similares. O decirte: "Mira, en realidad esta estrategia que utilizaste no es la correcta, vamos a pensar en otra. A mí se me ocurre . . .". Como el mentor ha recorrido este camino, puede decirte en qué te has equivocado.

> **Con un mentor el camino es más fácil y habrá menos errores.**

Puede ser alguien que se dedique a lo mismo que tú. Un juez que empezó de joven como fiscal, luego tuvo un bufete privado exitoso y más tarde fue nombrado magistrado, por ejemplo, podría ser un mentor excelente para un abogado principiante.

Podría ser un profesor universitario que ya ha indicado a otros estudiantes el camino del éxito, y que podría dar sus consejos a un estudiante recién graduado sobre las formas de identificar y alcanzar sus metas. También puede ser un amigo mayor respetable o un familiar. Sus experiencias pueden darte información valiosa sobre la naturaleza de las personas y las maneras de allanar el camino hacia el destino que has elegido.

El ayudante

También necesitas ayudantes, que pueden ser amigos, conocidos, familiares, compañeros de trabajos, casi cualquier persona que te ofrezca un talento o habilidad que necesitas, o que te brinde asistencia en una o más áreas.

Un ayudante puede ser ese buen amigo con quien siempre puedes hablar cuando necesitas desahogarte. El que te dice: "Todo se va a arreglar".

Puede ser esa persona—tu madre o tu abuela—que te cuida a los niños para que puedas trabajar o estudiar, o ambas cosas. Puede ser una compañera de clase, u otra estudiante que ya cursó esa clase el año anterior y que te puede ayudar a comprenderla mejor. Puede ser el banquero que te puede dar consejos sobre la compra de una propiedad, o el contador que te indica los costos que debes considerar para abrir tu negocio propio.

Los ayudantes, en otras palabras, forman ese amplio grupo de personas a quienes acudes para obtener conocimientos o ayuda en casi cualquier área. Son los que te dan aliento. Y también te pueden ayudar a hallar y relacionarte con otros recursos, es decir, te pueden presentar a más ayudantes para que tengas más posibilidades de encontrar trabajo.

> **Los ayudantes te asisten, te dan aliento y te ayudan a relacionarte con otros ayudantes.**

Muchas veces me habrán oído decir en mi programa de Radio Única que por alguna razón tenemos dos ojos, dos oídos y una boca. Para oír no solamente el doble de lo que hablamos, sino también para observar. Es sumamente importante que tengas eso en mente si quieres aprovechar al máximo los consejos de tu grupo de ayuda. Escucha y recibirás respuesta, ánimo y buenos consejos. Mira y aprenderás de sus actos.

Un grupo de ayuda también sirve de red de seguridad. Buscar una meta algunas veces implica tomar ciertos riesgos. Si nos caemos, ese grupo puede evitar un desastre.

La red de seguridad de tu grupo de ayuda

Al formar un grupo de apoyo, la gente que conoces te ayuda a conocer a otros que también te pueden brindar ayuda. Algunos miembros de tu grupo se conocen mutuamente. Otros no. Algunos poseen talentos o habilidades similares. Otros tienen otros diferentes.

Si te representaras tu grupo mentalmente, sería algo así:

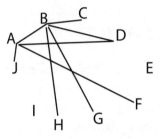

La persona A conoce a las personas B, C, D, F y J. Pero no a E, G, H ni I.

La persona B conoce a las personas A, C, D, G y H. Pero no al resto.

Y así sucesivamente.

El grupo ideal incluye personas con todos los talentos y habilidades necesarios y las que brindan respaldo emocional y asistencia; al final será así:

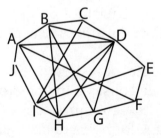

Si te fijas bien, verás que es una red. Te has rodeado de ayudantes que no sólo te ayudan a salir adelante, sino que forman una red de seguridad por si sufres una caída.

Fabrica una red

Si quieres saber si hay control de la calidad de la limpieza en tu edificio o en tu oficina, creo que tienes que dirigirte a los empleados de limpieza. Si quieres ahorrar dinero en un campo determinado, entonces tienes que hablar con los expertos en ese campo.

Para formar tu grupo de apoyo, debes pensar de la misma manera. Tienes que determinar qué meta tienes y cuáles son tus necesidades. Si quieres ser carpintero y conoces a veinte carpinteros, todos en tu familia son carpinteros y todos tus amigos también, ya no necesitas más carpinteros en tu grupo.

Pero si tu objetivo es ser contratista general, quizás también te haga falta conocer a varios plomeros y electricistas. Si quieres abrir un taller de carpintería, quizás te convenga conocer a otra gente.

Probablemente necesites conocer a un banquero que te dé consejos financieros. A un contador que te indique cómo llevar la contabilidad. A lo mejor te conviene conocer a alguien que haya tenido éxito en esa clase de negocio. Trabaja con ellos, hazte amigo de ellos. Puede que te hagan socio de la empresa y así te

hijos me dicen cosas que a lo mejor me chocan: "Oye, mamá, esto no me gusta".

Puede que el papel de madre que llevo por dentro, el papel de dueña de una empresa, me hace decir: "Yo fui quien creó esta empresa. ¿Cómo te atreves?".

Calla esa voz. Pregúntate qué validez puede tener lo que te están diciendo, o si hay algún motivo de resentimiento detrás. Y si hay, debes explorar la razón de ese resentimiento. Entonces, tienes que examinar a los que forman tu grupo de apoyo. Si después de leer este libro, decides que lo que quieres de verdad es ser dueña de una empresa de Internet, entonces tienes que preguntarte: "Para llegar a esa meta, ¿con quién cuento ya en mi grupo de apoyo?".

Tenemos que empezar por ahí. Tienes que analizar qué posición tiene cada uno.

Dentro de nuestro grupo de apoyo estamos buscando nuestro grupo de consejeros, de mentores, de expertos y de ayudantes en cada arena. Podemos buscar dentro de nuestra familia, entre los amigos, los amigos de los amigos, porque ellos también conocen a gente, profesores y todos los que posiblemente nos puedan ayudar.

Siéntate. Prepara una lista de gente que conoces. Junto a sus nombres, escribe los talentos o habilidades que poseen, o la ayuda que brindan. Utiliza esta tabla como ejemplo para la tuya:

Tu grupo de apoyo actual

Familia:

Mamá	Cuida a los niños. Me da apoyo emocional. Me da consejos sobre mis relaciones personales.
Papá	Sabe de carpintería. Sabe de negocios. Conoce mucha gente con mucha experiencia: abogados, etcétera.
Mi hermano Pedro	Apoyo emocional. Se graduó de la misma universidad donde estudio y conoce a los profesores y sabe qué cursos debo tomar.

Contactos en la escuela:

Profesores:

El profesor Sánchez	Sabe mucho de negocios. Participa activamente en la cámara de comercio.
El consejero escolar de carreras, etcétera	Me da buenos consejos sobre los cursos que debo tomar para las metas de mi carrera.

Compañeros de clase:

Rebeca Quintana	Apoyo emocional y social. Su padre es juez.

Clubes o grupos sociales:

(Iglesia, actividades deportivas, gimnasio, grupos de hobby, etcétera)

Amigos y vecinos:

Trabajo y grupos de voluntarios:

(Tanto ex miembros como miembros actuales; hay que incluir organizaciones de servicio comunitario, grupos políticos, etcétera)

Organizaciones profesionales:

¿Qué debes agregar?

Una vez que hayas puesto en la lista a todas las personas que conoces y lo que pueden contribuir a tu grupo de apoyo, presta atención a las áreas débiles para determinar qué debes agregar. Quizás no conozcas a nadie que se dedique a lo que quieres estudiar como carrera. A lo mejor te hace falta hablar con alguien que sepa redactar contratos, o que te pueda indicar el mejor lugar para estudiar una carrera específica.

Creo que tienes que empezar desde el punto de vista de qué es lo que quieres lograr, para decidir desde ahí. Si no sé nada de contabilidad, necesito hablar con alguien que sepa de contabilidad.

Todos los seres humanos tenemos cierta misión. Cuando estás examinando a quién necesitas o quién te falta en el grupo de apoyo, tienes que ver qué habilidades y características buscas.

Haz una lista de lo que crees que falta en tu grupo de apoyo. Como ya he mencionado, conviene estar rodeado de carpinteros si quieres dedicarte a esa profesión. Pero si quieres más, tienes que agregar a tu grupo gente diferente que se dedique a cosas diferentes. Para hacer un trabajo adecuado se necesitan las herramientas apropiadas. Te toca a ti decidir cuáles necesitas. Entonces tienes que salir a buscarlas.

Cómo y dónde encontrar un grupo de apoyo

Es importante que busques un mentor, alguien que te pueda ayudar con tu meta. Si quieres ser psicóloga, busca a una psicóloga. Si quieres ser maestra, busca a un maestro. Si quieres ser dueña de un restaurante, busca a un dueño de restaurante con éxito.

¿Cómo lo encuentras? Como siempre, es bueno empezar con lo que ya tienes. Todas las personas que conoces deben enterarse de lo que buscas, porque una de las funciones de un buen grupo de apoyo es ayudar a encontrar los recursos necesarios. Un buen grupo de apoyo no está compuesto sólo por las personas que conoces, sino por las que ellos conocen y por las que estos últimos conocen. Alguien conoce a alguien que a su vez conoce a alguien que tú estás buscando. Por eso, pregunta.

También puedes recibir capacitación de personas que ya trabajan en la organización que te acaba de contratar. Seguro que hay personas de quienes todo el mundo te dice: "Si quieres saber

algo, consulta a éste". Quizás han estado más
años o han tenido más éxito en la empresa.
Posiblemente tienen más sabiduría, pero definitivamente tienen más experiencia. Búscalos.
Yo me acuerdo que cuando yo estaba trabajando en el sistema escolar, uno de mis mentores fue un señor norteamericano, Russell
Wheatley. Fue mi último jefe. A él le debo
mucho. Me dio muchas oportunidades de crecimiento, de lograr mis metas, de hacerme creer
que yo sí podía.

> **Todos los que agregas a tu grupo
> pueden presentarte por lo menos a
> otra persona.**

Mientras vas creando tu grupo, las puertas se
te van abriendo. Cada persona que agregas a tu
grupo puede presentarte por lo menos a otra.
Algunas veces, particularmente en el caso de
personas que se han mudado de otra parte y
están empezando una vida nueva en otra ciudad, debemos buscar fuera del círculo de gente
que conocemos. Es cierto que no puedes conocer gente si no pones de tu parte, cosa que significa que si quieres encontrar a gente para tu
grupo, vas a tener que salir y empezar a buscar
a candidatos.
Lo mejor que puedes hacer es entrar en grupos
y organizaciones que tienen que ver con el

campo que te interesa. Las agrupaciones sociales, como las vinculadas a la iglesia y a los grupos comunitarios y de voluntarios que ayudan en hospitales o a dar de comer a los ancianos, y los grupos políticos, atraen a personas de una amplia gama de ocupaciones. Como es lógico, la gente que los integra son personas que les gusta estar en grupos, que les gusta hacer nuevos amigos y ayudar a otros. Algunos son exactamente los que buscas para tu grupo, y si no, a lo mejor conocen a esa persona. No lo sabrás hasta que los conozcas.

Las organizaciones profesionales, ya sean grupos artísticos, sindicatos de maestros o asociaciones médicas, constituyen otra fuente para conocer a las personas que buscas.

Claro que te puedes preguntar: "No soy doctora. ¿Cómo puedo hacerme miembro de una asociación de médicos?".

No digo que te sea posible. Sin embargo, muchas asociaciones tienen programas formales de mentores—o los llamados programas de extensión— para ayudar a otros a entrar en ese campo. Al menos encontrarás a alguien dispuesto a darte consejos, a responder a preguntas o a dirigirte a una organización que te pueda prestar ayuda.

A la mayoría de los mentores les gusta la gente con iniciativa. La llamada telefónica que haces hoy te puede conectar con la persona que va a cambiar tu vida. ¿Qué puedes perder?

Puedes encontrar esas organizaciones en la guía telefónica o en el Internet. En el apéndice de este libro te tengo unos ejemplos. Al incorporarte, vas a encontrar que cualquier grupo tiene dos aspectos. Nunca es solo lo que ellos te pueden ofrecer, pero también lo que tú les puedes brindar.

Dar y recibir

Un grupo de apoyo es un camino de doble vía. No sólo recibes, sino que también das. Una manera de desarrollar tu grupo de apoyo y convertirte en un valioso miembro contribuyente es ofrecer ayuda a la vez que la pides, o sea, dar a otros lo que quieren a cambio de lo que tú buscas. Digamos que necesitas a una persona que te cuide a los niños dos noches por semana pero no encuentras a nadie. Una forma de conseguirlo es ofrecer un cambio simple. Dile a una amiga que tiene niños que se los puedes cuidar dos noches o dos días a la semana si ella te cuida a los tuyos las noches que te hacen falta.

Examina cuáles son las habilidades o servicios que puedes ofrecer a cambio de lo que necesitas.

Pero, ¿y si ninguna amiga necesita que le cuiden a los niños? Pues, ahí es donde tienes que volverte creativa. A lo mejor tienes una amiga que no tiene automóvil y necesita que la lleves a hacer las compras del mercado y otras diligencias. Bríndate a llevarla adonde le hace falta una o dos veces por semana si te cuida a los niños las noches que necesitas.

Este sistema de intercambio es una forma excelente de llenar los vacíos en tu grupo de apoyo. Piensa en las habilidades que tienes que te pueden ser útiles, o en los servicios que le puedes ofrecer a alguien a cambio de lo que necesitas. Bríndate para cortarle el pelo a alguien, o a limpiar su apartamento, o lo que sea, a cambio de que te instalen tu computadora. ¿Estás tratando de aprender inglés? Puedes intercambiar una hora de clases de conversación en español por una hora de enseñanza de inglés.

Tener algo que intercambiar puede ser determinante para la gente que quizás no dispone de mucho tiempo libre, particularmente si se trata de alguien que no conoces bien. Hay personas que lo hacen por Internet. La gente pone mensajes en sitios Web como www.craigslist.org, ofreciendo "clases de español a cambio de pintar casas", o algo por el estilo. Tú puedes hacer lo mismo para agregar a tu grupo de apoyo los servicios o habilidades específicos que necesitas.

El círculo del éxito

A medida que la gente se va uniendo a tu grupo de apoyo, tú formas parte de las suyas. La gente que te ofrece ayuda lo sabe. Ayudarte significa ayudarse ellos mismos. Quizás no te pidan nada a cambio, pero saben que si alguna vez necesitan tu ayuda, se la darás con gusto.

No quiero decir que sus motivos sean egoístas. No te brindan su ayuda porque esperan algo a cambio. Pero saben que los favores se devuelven. También saben que el éxito trae más éxito. Tu éxito los hará más exitosos. Además, hace que se sientan orgullosos. Cada éxito que logras es un éxito para ellos.

Creo que esto es parte de la realidad del universo. Cuando hacemos el bien, nos suceden cosas buenas. Las acciones positivas dan resultados positivos, en el presente y en el futuro. Cuando ayudamos a otros a alcanzar el éxito, no sólo los beneficiamos sino que nos beneficiamos nosotros mismos.

De esa manera, formamos un círculo del éxito. Devolvemos algo al mundo, a los demás, para mostrar nuestra gratitud por todo lo que hemos logrado. Y a la vez, ganamos aún más.

Por ese motivo, te aconsejo que ayudes a otros a alcanzar sus metas cuando puedas. Particularmente después de lograr tus metas y alcanzar el éxito en tu propia vida. Acuérdate de ese mentor especial que con su orientación te cambió la vida. Tú puedes convertirte en esa fuerza positiva para otra persona. Quizás sea algo tan simple como un comentario sin importancia, un consejo, una experiencia que quieres compartir con alguien que está dando los primeros pasos hacia el éxito. Tus palabras podrían ahorrarle muchas horas inútiles y encaminarlo por la vía adecuada. Hasta una simple frase de aliento en el momento justo puede ser decisiva.

Hazlo cada vez que puedas. Cuando nos ayudamos unos a los otros, todos llegamos más rápidamente a nuestras metas. Puede que haya personas que puedan escalar montañas sin ningún acompañante, pero lo más probable es que tarden más, que la aventura sea más peligrosa y que tengan una posibilidad mucho mayor de fracasar que si hubieran ido con un grupo de ayudantes y guías. El viaje hacia el éxito en la vida no es diferente. Nadie tiene motivo para tratar de alcanzar su meta sin ayuda.

> **Paso 7: Forma un grupo de apoyo.**

CONCLUSIÓN

ÉXITO PARA
TODO LA VIDA

Ya conoces los siete pasos. Ahora te toca a ti.
Como te expliqué al principio de este libro, tú
eres responsable de tu propia vida. Y tú eres
responsable de tu éxito. Si lo deseas, lo puedes
conseguir.

Con lo que has aprendido en este libro,
puedes lograrlo. Puedes llegar a tener una vida
feliz, llena de éxito. Y esforzándote cada día,
podrás tener éxito de por vida.

Si haces un plan realista y lo cumples al pie
de la letra, cada día te acercarás más a tu meta.
En poco tiempo te darás cuenta de que cada día
te traerá más éxito.

Si te entregas a tu programa de ejercicios con
dedicación, cada día te sentirás más saludable,
más fuerte y con más confianza. A medida que
pase el tiempo, verás cómo la gente empezará a
decirte: "Pero, ¡qué bien te ves!". Y querrán que
les digas el secreto. Caminarás diferente, te
verás diferente y serás diferente.

La misma dedicación a tu espiritualidad te
traerá cada vez más paz interior, más energía y
menos estrés. En vez de sentirte abrumada por
el mundo a tu alrededor y por la vida ajetreada
de la actualidad, estarás en paz.

Cada día, dedica tiempo a meditar. Sal de la

casa, o mira por la ventana, y disfruta del esplendor del mundo que te rodea. Concéntrate en el ritmo de tu respiración. Escucha el ritmo de tu música interior.

Recuerda la anécdota de los leñadores que cortaban árboles. Si haces una pausa para afilar la cuchilla, conseguirás más con menos esfuerzo. De la misma manera, cada día que utilizas tu tiempo sabiamente y aprovechas al máximo el tiempo disponible, encontrarás más tiempo para divertirte.

Puede que otros siempre estén corriendo, exhaustos, sin respiración. Quizás nunca les alcance el tiempo para hacer todo lo que necesitan, y mucho menos para hacer lo que quieren. Sin embargo, tú sabrás el secreto de aprovechar al máximo cada momento. Con experiencia, cada demora se convierte en una oportunidad para lograr otra cosa. Efectivamente, podrás retrasar el paso del tiempo para que te rinda más.

De igual manera, si administras tu dinero inteligentemente y te mantienes dentro de tu presupuesto, cada día te acercarás más a tu meta. Cada dólar ahorrado es un dólar ganado. Y esos son dólares que puedes invertir para ganar incluso más.

El único fracaso de verdad es no hacer el intento.

Haz todo esto, practica los siete pasos para el éxito en la vida, y cada día será una victoria. Cada día te traerá más y más éxito en la vida. Algunos días el éxito será grande; otros será pequeño. Y pronto, cuando encuentras obstáculos y reveses —incluso lo que antes llamabas fracaso—, los verás como realmente son: una oportunidad de aprender de las experiencias. Nadie puede tener éxito sin arriesgarse a fracasar. Pero los verdaderos ganadores se dan cuenta de que el único fracaso de verdad es no hacer el intento.

Por eso, decídete ya. Empieza ahora mismo. Decide qué quieres y qué dirección quieres tomar. Decide cómo vas a llegar. Determina lo que necesitas para lograrlo. Examina qué habilidades ya tienes que te ayuden a alcanzar tu meta. Determina a quién conoces que te pueda ayudar.

Hazlo ahora. No esperes. Haz tu plan y ponlo en práctica. Es la única manera. No puedes llegar a tu meta si no te echas a andar.

Pero siempre tienes que saber a dónde vas. Si no, serás como un barco sin timón y a merced de los vientos. Estarás a la deriva, perdida en el mar. Una vez que decidas a qué puerto quieres llegar, puedes fijar tu rumbo. El puerto es tu meta. Hay muchos puertos en la vida. Hay muchas metas. Pero eres tú quien tiene que decidir cuál te conviene. Hasta que no sepas cuál es tu meta, estarás vagando sin rumbo fijo.

Por eso necesitas un mapa de vida. Todos los navegantes necesitan una carta de navegación. Tú tienes que tener la tuya.

No puedes llegar a tu meta si no te echas a andar.

Tienes que preguntarte constantemente cuál es tu posición y en qué punto del camino hacia tu meta te encuentras. Es sumamente importante que te preguntes si todavía deseas alcanzar esa meta. Como has aprendido en estas páginas, las metas cambian. No tiene nada de malo que te des cuenta de que no quieres seguir en el camino en que estás, que la meta que escogiste no es en realidad adonde quieres llegar.

También tienes que mantenerte alerta para ver las posibilidades. Tienes que estar lista para aprovecharlas. A veces las puertas se abren inesperadamente. Otras veces encontramos atajos. Cada paso del camino debe ser una experiencia educativa. Pero eso no significa que tengas que dar pasos innecesarios. No tienes que darle la vuelta a la manzana para llegar a la casa de al lado.

Cuando la gente me llama a mi programa de Radio Única, siempre les digo lo mismo: Deja de hacerte excusas. Tú puedes cambiar tu vida si quieres. Puedes tener éxito si lo deseas. Pero nadie te lo puede dar. Lo tienes que lograr por ti misma.

Nadie te puede dar el éxito. Lo tienes que lograr por ti misma.

Eso no significa que tengas que hacerlo sola. Por supuesto que no. Es más, como aprendiste en el capítulo sobre los grupos de apoyo, no te lo aconsejo.

Sin embargo, una vez que te decides en lograr tu meta, te sorprenderás de ver cuánta gente te tenderá una mano. Y con gusto. A la gente le emociona ver que te estás esforzando por hacer realidad tus sueños. Quieren ser partícipes de tu éxito. Déjate de ser tímida. Anuncia tus planes ante el mundo. Si la gente no se entera, ¿cómo van a saber que necesitas ayuda?

Eso es algo que también tienes que hacer todos los días. Dile a la gente que conoces lo que estás tratando de lograr. Explícales lo que necesitas. Si la gente te ve sentada en tu carro a un lado de la calle, pensarán que estás esperando a alguien, que estás descansando o que simplemente estás disfrutando del paisaje. Si no les dices que te has quedado sin gasolina, lo más probable es que nadie te lo va a ofrecer.

Si de verdad quieres progresar, tienes que decirle a la gente lo que necesitas. Pero eres tú quien tiene que ponerse en marcha. Tener éxito requiere esfuerzo. Requiere determinación. Requiere planificación. Y requiere dedicación. Sin embargo, como te diría cualquier corredor, cuantos más maratones corras, más fácil se hace la carrera. Cuanto más practiques, más podrás lograr. Cuanto más corras, más lejos llegarás.

> **Si de verdad quieres progresar, tienes que decirle a la gente lo que necesitas.**

En el camino hacia tu meta, verás que eso es cierto. Si tratas de graduarte de ingeniería, al principio puede que te parezca casi imposible. Tendrás tanto que aprender. ¿Cómo entro en la universidad? ¿Qué cursos debo tomar? Si te dejaran empezar con algunos de los cursos de cuarto año, se te haría más difícil. Sin embargo, después de terminar los cursos de primer año, es más fácil asimilar los conceptos del segundo año. Y lo mismo pasa con los de tercero y cuarto.

Obtendrás tu diploma en ingeniería curso por curso. Como te mostré en este libro, llegarás a tu meta de la misma manera: dividiendo el camino en pasos más pequeños y más fáciles de dar, que te llevan hacia donde quieres llegar. Los niños aprenden a sumar antes de aprender a multiplicar. Es lo mismo. Cada paso hace que el próximo sea más fácil. Sin darte cuenta, habrás llegado a tu meta. ¡Lo lograste!

No obstante, a pesar de lo que piensa y espera la mayoría de la gente, el éxito en la vida no es como cruzar la línea de meta. No es como una carrera. El éxito es un viaje. A medida que alcanzamos nuestras metas, descubrimos otras nuevas. Con cada paso que damos por el camino de la vida, vemos nuevos lugares adonde ir, nuevos rumbos que tomar, nuevas metas que alcanzar.

> **Cada éxito nos lleva a más éxitos.**

Así debe ser. Eso es lo que da emoción y validez a la vida. Ese corredor de maratones que mencioné antes lo sabe. Cada día que corre le resulta más fácil que el anterior, aunque sólo si siempre corre la misma distancia a la misma velocidad. Ningún corredor lo hace así. A medida que se le hace más fácil, corre más rápido. O más distancia. O ambas cosas.

Cada éxito lo impulsa hacia una nueva meta.

Afirmo que todos debemos hacer lo mismo. Lo tenemos que hacer para aprovechar al máximo la vida. Conseguimos el éxito verdadero cuando vamos más allá de lo que esperábamos y disfrutamos el camino.

Dale. No esperes más. Te toca a ti.

APÉNDICE

La siguiente lista es simplemente una muestra de organizaciones empresariales, políticas, de servicio comunitario, de arte, y otras que pueden o no tener programas formales de mentores. Sin embargo, entre ellas podrás encontrar un grupo cuyos miembros comparten contigo un interés común, y por tanto pueden representar una buena fuente para conectarte con otros.

AMERICAN MEDICAL STUDENT ASSOCIATION FOUNDATION (AMSA) (establecida en 1950)
1902 Association Drive
Reston, VA 20191-1502
Tel: 703-620-6600
Fax: 703-620-5873
Sin cargos: 800-767-2266
E-mail: amsa@www.amsa.org
Sitio Web: www.amsa.org

La AMSA Foundation es una rama de la American Medical Student Association. Tiene un programa internacional de salud con facultades de medicina en América Latina, y alienta a los participantes en programas internacionales de salud a trabajar con las comunidades hispanas al regresar a Estados Unidos.

ASPIRA ASSOCIATION, INC. (establecida en 1961)

1444 I Street, NW, Suite 800
Washington, D.C. 20005
Tel: 202-835-3600
Fax: 202-835-3613
E-mail: info@aspira.org
Sitio Web: www.aspira.org

ASPIRA es una organización sin fines de lucro dedicada a promover la educación y el desarrollo de líderes entre la juventud hispana en Estados Unidos. ASPIRA fue fundada por un grupo de líderes comunitarios que compartían una preocupación por el alto índice de deserción escolar entre los estudiantes hispanos, y por las condiciones socioeconómicas de sus comunidades. ASPIRA, que tiene oficinas en ciudades a lo ancho de Estados Unidos, también patrocina diversos programas comunitarios a nivel nacional creados a fin de mejorar la calidad de vida y las oportunidades de educación de la comunidad hispana.

**ASSOCIATION OF HISPANIC ADVERTISING AGEN-
CIES (AHAA) (establecida en 1996)
8201 Greensboro Drive, Suite 300
McLean, VA 22102
Tel: 703-610-9014
Fax: 703-610-9005
E-mail: horacio@headquartersadv.com
Sitio Web: www.ahaa.org**

La misión de AHAA es contribuir con el crecimiento, el fortalecimiento y la protección del sector hispano de marketing y publicidad.

ASSOCIATION OF HISPANIC ARTS (establecida en 1975)
155 Avenue of the Americas, 14th Floor
New York, NY 10013
Tel: 212-727-7227
Fax: 212-727-0549
E-mail: ahanews@latinoarts.org
Sitio Web: www.latinoarts.org

La AHA es una organización sin fines de lucro dedicada al progreso de las artes, los artistas y las organizaciones de arte latinos.

Association of Latino Professionals in Finance and Accounting (ALPFA)
510 W. Sixth St., Suite 400
Los Angeles, CA 90014
Tel: 213-243-0004
Fax: 213-243-0006
E-mail: info@national.alpfa.org
Sitio Web: www.alpfa.org

Principal asociación profesional dedicada a mejorar las oportunidades de los latinos en contabilidad, finanzas y profesiones afines.

CÁMARA DE COMERCIO DE PUERTO RICO (establecida en 1913)
P.O. Box 9024033
San Juan, PR 00902-4033
Tel: 787-721-6060
Fax: 787-723-1891
E-mail: camarapr@coqui.net
Sitio Web: www.camarapr.org

La Cámara de Comercio de Puerto Rico es una

organización sin fines de lucro que sirve de
enlace entre las agencias comerciales y gubernamentales y la comunidad. Brinda asesoramiento legal, económico y comercial a sus
miembros, que suman más de mil setecientos, y
funciona mediante fondos procedentes de dona-
ciones y cuotas de los miembros.

**GREATER WASHINGTON IBERO-AMERICAN
CHAMBER OF COMMERCE (establecida en 1977)**
1710 H Street, 11th Floor
Washington, D.C. 20005
Tel: 202-728-0352
Fax: 202-728-0355
Sitio Web: www.iberochamber.org

La Greater Washington Ibero-American
Chamber of Commerce es una organización sin
fines de lucro que promueve el establecimiento
y la expansión de empresas propiedad de hispanos en el área metropolitana de Washington.
Tiene como objetivo el desarrollo empresarial y
comunitario, y para lograrlo suministra las herramientas necesarias y el asesoramiento para el
desarrollo empresarial de los negocios hispanos.

**HISPANIC NATIONAL BAR ASSOCIATION (estableci-
da en 1972)**
815 Connecticut Ave., Suite 500
Washington, D.C. 20006
Tel: 202-223-4777
E-mail: info@hnba.com
Sitio Web: www.hnba.com

212 • Los 7 Pasos Para el Exito en la Vida

La HNBA es una asociación profesional dedicada al progreso de los hispanos en el ejercicio del derecho. Representa a aproximadamente treinta y tres mil abogados, profesores de derecho, jueces y estudiantes de derecho hispanos en Estados Unidos y Puerto Rico.

LEAGUE OF UNITED LATIN AMERICAN CITIZENS
(establecida en 1929)
2000 L Street, NW, Suite 610
Washington, D.C. 20036
Tel: 202-833-6130
Fax: 202-833-6135

LULAC es la organización hispana más antigua y mayor del país, que reúne y brinda servicios a todos los grupos de nacionalidad hispana. LULAC mejora la situación económica, la educación, la influencia política, la salud y los derechos civiles de los hispanos a través de programas comunitarios en marcha en más de seiscientos concilios de LULAC a través del país. LULAC tiene aproximadamente ciento quince mil miembros en Estados Unidos y Puerto Rico.

NATIONAL ASSOCIATION OF HISPANIC REAL
ESTATE PROFESSIONALS
1650 Hotel Circle North, Suite 215A
San Diego, CA 92108
Tel: 800-964-5373
Fax: 619-209-4773
E-mail: info@nahrep.org
Sitio Web: www.nahrep.org

La asociación respalda los esfuerzos de los hispanoamericanos por lograr una mayor representación en puestos gubernamentales reguladores esenciales relacionados con el sector de los bienes inmobiliarios.

NATIONAL COUNCIL OF LA RAZA (establecido en 1968)
1111 19th Street, NW, Suite 1000
Washington, D.C. 20036
Tel: 202-785-1670
Fax: 202-776-1792
E-mail: info@nclr.org
Sitio Web: www.nclr.org

El National Council of La Raza es una organización sin fines de lucro creada para reducir la pobreza y la discriminación, y para mejorar las oportunidades para los hispanos. El NCLR brinda sus servicios a todos los grupos hispanos en todas las regiones del país a través de una red formal de afiliados y una red más amplia de más de veinte mil grupos y particulares a nivel nacional, que llega a más de tres millones de latinos al año.

El Centro de Nuevos Líderes Latinos del NCLR tiene el propósito de elevar el número, las habilidades y la influencia de líderes latinos jóvenes en Estados Unidos—funcionarios públicos, empresarios, activistas y organizadores—, que representan a sus comunidades y la causa de justicia social a nivel local y nacional.

NATIONAL HISPANA LEADERSHIP INSTITUTE
(establecido en 1987)
1901 North Moore Street, Suite 206
Arlington, VA 22209
Tel: 703-527-6007
Fax: 703-527-6009
E-mail: NHLI@aol.com
Sitio Web: www.nhli.org

El National Hispana Leadership Institute fue fundado a fin de aumentar la necesidad de latinas en puestos de visibilidad a nivel nacional. El NHLI selecciona a veinte latinas cada año para participar en un programa intensivo de desarrollo de liderazgo que dura cuatro semanas.

National Hispanic Business Association (NHBA)
1712 E. Riverside Dr. #208
Austin, TX 78741
Tel: 512-495-9511
Fax: 512-495-9730
Sitio Web: www.nhba.org

La National Hispanic Business Association (NHBA) es una red nacional de alumnos y exalumnos cuya misión es promover el progreso de los estudiantes universitarios de economía hispanos a través de oportunidades educativas, profesionales y de contactos para fomentar la diversidad, la educación superior y el mejoramiento de la comunidad hispana.

NATIONAL PUERTO RICAN FORUM (NPRF) (establecido en 1957)
1946 Webster Avenue, 3rd Floor
Bronx, New York 10457-4249
Tel: 646-792-1010
Fax: 646-792-1020
Sitio Web: www.nprf.org

El NPRF tiene la función de mejorar las condiciones socioeconómicas de la población latina a través de programas, investigaciones, defensa y servicios directos de educación y desarrollo económico.

NEW AMERICAN ALLIANCE (establecida en 1999)
1050 Connecticut Ave.,NW
10th Floor
Washington, D.C. 20036
Tel: 202 772-4158
Fax: 202 772-3374
E-mail: pavila@naaonline.org
Sitio Web: www.naaonline.org

La NEW AMERICAN ALLIANCE, una iniciativa empresarial de latinoamericanos, es una organización de líderes empresariales latinoamericanos que se han unido para promover el bienestar de la comunidad latina en Estados Unidos, con un enfoque en la educación y la filantropía estratégica que permita mejorar la calidad de vida en Estados Unidos. Está organizada según el principio de que los líderes empresariales latinos en Estados Unidos tienen la responsabilidad especial de dirigir el proceso de acumulación del capital más fundamental para el progreso de los latinos: el capital humano.

**REPUBLICAN NATIONAL HISPANIC ASSEMBLY
(establecida en 1972)**
P.O. Box 1882 Washington, D.C. 20013-1882
Tel: 202-544-6700
Fax: 202-544-6869
Sin cargos: 1-877-544-6701
E-mail: info@rnha.org
Sitio Web: www.rnha.org

La Republican National Hispanic Assembly es una organización aliada del Comité Nacional Republicano. La RNHA busca el desarrollo de un electorado republicano hispano fuerte, efectivo e informado, alienta a los norteamericanos cualificados a obtener puestos en todos los niveles del gobierno, y brinda información y ofrece asesoramiento a candidatos, funcionarios y organizaciones del Partido Republicano sobre temas relacionados con la comunidad hispana en Estados Unidos.

Society of Hispanic Professional Engineers
5400 E. Olympic Blvd. Suite 210
Los Angeles, CA 90022
Tel: 323.725.3970
Fax: 323.725.0316
E-mail: shpenational@shpe.org
Sitio Web: www.shpe.org

La Society of Hispanic Professional Engineers (SHPE) fue fundada en 1974 por un grupo de ingenieros contratados por el municipio de Los Ángeles. Su objetivo era formar una organización nacional de ingenieros profesionales que sirvieran de ejemplo a la comunidad hispana. En la actualidad, la SHPE tiene una red sólida pero independiente de oficinas locales de profesionales y estudiantes por todo el país.

SER-JOBS FOR PROGRESS NATIONAL, INC. (establecida en 1964)
1925 W. John Carpenter Fwy., Suite 200
Irving, TX 75063
Tel: 972-506-7815
Fax: 972-506-7832
E-mail: webmaster@sernational.org
Sitio Web: http://www.ser-national.org/

La SER (Service, Employment and Development) fue fundada por LULAC y la AGIF. Es una red nacional de organizaciones de empleo y capacitación que brinda capacitación y asistencia técnica con énfasis especial en las necesidades de los hispanos en el campo de la educación, la capacitación y las oportunidades empresariales y económicas.

UNITED STATES HISPANIC CHAMBER OF COMMERCE (establecida en 1979)
2175 K Street, NW, Suite 100
Washington, D.C. 20037
Tel: 202-842-1212
Fax: 202-842-3221
E-mail: ushcc@ushcc.com
Sitio Web: www.ushcc.com

La U.S. Hispanic Chamber of Commerce es el principal grupo organizado de empresas del país que promueve los intereses económicos de los hispanos. Su objetivo fundamental es representar los intereses de más de un millón de empresas propiedad de hispanos en Estados Unidos. La USHCC es la organización general coordinadora que promueve activamente el progreso económico de los empresarios hispanos.

Existen muchas otras organizaciones. Indudablemente podrás encontrar una que te relacionará con la gente que comparte tus intereses y está dispuesta a ayudarte.

DRA. ISABEL GOMEZ BASSOLS "DOCTORA ISABEL"

La Dra. Isabel Gómez-Bassols, mejor conocida por sus legiones de fanáticos como "la Doctora Isabel, el Angel de la Radio," es la primera sicóloga radial hispana del país. La inmensamente popular anfitriona del programa radial del mismo nombre conduce su show de consejos, en vivo, de lunes a viernes, de 1:00 a 4:00 PM (hora estándar del este), a través de Radio Unica. Esta cálida, sensible y carismática doctora, que posee una habilidad casi maternal para escuchar a los demás y ofrecerles buenos consejos de forma directa, emite opiniones expertas a diario sobre toda una gama de temas cruciales que incluyen desde la buena crianza, las relaciones maritales, el divorcio, la sexualidad humana y la educación hasta cómo lidiar con la muerte, las adicciones, la dependencia, la rebeldía juvenil y la violencia, tanto dentro como fuera del hogar. Fenómeno de los medios, la doctora recibe un promedio de 8,000 intentos de llamadas telefónicas al día.

La personalidad cautivadora de la Doctora

Isabel está sustentada por un serio expediente profesional, el cual contiene el secreto de su vasta credibilidad. Connotada sicóloga, pedagoga y especialista en la violencia doméstica, con tres décadas de experiencia como consejera familiar y de adolescentes, ha ejercido como sicóloga privada y del Sistema Escolar Público del Condado Miami-Dade, el cuarto más grande del país. Allí, en la década de los '70, desarrolló y puso en marcha un programa modelo para controlar la agresión. Con el tiempo llegó a presidir su Departamento de Servicios Sicológicos. Tanto la Asociación de Sicólogos Escolares de la Florida como la Nacional han reconocido a la Doctora Isabel como experta en los temas que afectan a los niños hispanos y a sus padres. Como resultado de su trabajo, así como de su método efectivo de ejercer la consejería, es altamente codiciada como invitada de diversos programas televisivos, en los cuales comparece con frecuencia, y como oradora pública.

Su primer libro, *¿Dónde Están Las Instrucciones Para Criar A Los Hijos?*, publicado por Kensington Publishing Corp., es una guía relevante de cómo criar niños hispanos sanos, felices y exitosos en los Estados Unidos. Su segundo libro, *Los 7 Pasos Para el Éxito en el Amor*, publicado por UnicaLibros, fue un best-seller nacional, y también fue publicado en ingles y como un audio libro leído por la Doctora Isabel.

Madre de cuatro y abuela de cuatro, la Doctora Isabel posee un doctorado en Pedagogía con especialización en la Adolescencia de los años primeros y medios. Así mismo, cuenta con un título postgrado de especialista en psicología y una maestría en la diagnóstica sicológica. En adición, ha completado entrenamientos especializados intensivos en una variedad de campos, incluyendo los desórdenes de intimidad sexual, realizados en el mundialmente conocido Masters & Johnson Institute; la violencia doméstica, a través de The National Coalition against Violence; y el luto y la pérdida familiar, en Chloe Madanes.